Ferdinand Frensdorff

Die ersten Jahrzehnte des staatsrechtlichen Studiums in Göttingen. Festschrift zur 150jährigen Jubelfeier der Georg-Augusts-Universität im Namen und Auftrag des Senats

Ferdinand Frensdorff

**Die ersten Jahrzehnte des staatsrechtlichen Studiums in Göttingen.** Festschrift zur 150jährigen Jubelfeier der Georg-Augusts-Universität im Namen und Auftrag des Senats

ISBN/EAN: 9783743460874

Hergestellt in Europa, USA, Kanada, Australien, Japan

Cover: Foto ©Thomas Meinert / pixelio.de

Manufactured and distributed by brebook publishing software (www.brebook.com)

Ferdinand Frensdorff

**Die ersten Jahrzehnte des staatsrechtlichen Studiums in Göttingen. Festschrift zur 150jährigen Jubelfeier der Georg-Augusts-Universität im Namen und Auftrag des Senats**

# Die ersten Jahrzehnte
des
# staatsrechtlichen Studiums
in Göttingen.

---

## Festschrift
zur
## 150jährigen Jubelfeier der Georg-Augusts-Universität

im Namen und Auftrag des Senats

verfasst

von

## F. Frensdorff.

---

7. 8. 9. August 1887

---

Göttingen 1887.

Druck der Dieterichschen Univ.-Buchdruckerei.
W. Fr. Kaestner.

Die Königliche Universitätsbibliothek bewahrt unter ihren Handschriften einen Band mit Briefen und Gutachten aus den Jahren 1748—1757, dessen Bedeutung für die Geschichte der Universität Göttingen und der von ihr gepflegten Studien schon früher einmal von mir in einer vorläufigen Mittheilung (Nachrichten von der Königlichen Gesellschaft der Wissenschaften 1883, Nr. 2) dargelegt worden ist. Sein Inhalt verdient aber in seinen wichtigsten Stücken selbst bekannt zu werden; und für solche Veröffentlichung bietet die gegenwärtige Feier, die den Blick auf das 150jährige Bestehen der Universität zurücklenkt, einen willkommenen Anlass. Denn wenn die Schriftstücke jenes Bandes auch nur einem einzelnen Zweige aus dem reichen Kranze der Wissenschaften gelten, um den zu ringen die Georgia-Augusta nicht müde geworden ist und hoffentlich nicht müde werden wird, so ist er doch gerade derjenige, der sich von früh her der eifrigsten Pflege zu erfreuen hatte und nicht am wenigsten dazu beigetragen hat, Göttingens Ruhm zu begründen und lange hin zu erhalten. Die oft wiederholte Behauptung, als sei es bei Errichtung der Universität vorzugsweise auf eine tapfere Juristenfacultät, auf eine Pflanzschule der höhern Staatsdienerschaft, auf eine Vertretung des Staatsrechts nach protestantischen Grundsätzen abgesehen gewesen, ist ja gewiss nicht richtig und mit dem Hinweis auf die von Anfang an der theologischen Facultät zugewandte Fürsorge und auf die Namen Albrecht von Haller und Johann Matthias Gesner, die den medicinisch-naturwissenschaftlichen und den philologischen Studien einen die juristische Facultät der ersten Jahrzehnte weit überstrahlenden Glanz verliehen, leicht zu widerlegen, aber es ist doch den Männern, welche an der Wiege Göttingens standen, von vornherein klar gewesen, dass es zu seiner

Aufnahme nach den ganzen Verhältnissen der Zeit mächtig beitragen würde, wenn es gelänge, seine juristische Facultät mit besonderer Anziehungskraft auszustatten. Eben in diese Bestrebungen führen die Briefe und Gutachten jener Sammlung ein. Sie zeigen die ersten Anläufe auf der Bahn, die Göttingen einer so glänzenden Zukunft entgegenführen und zur hohen Schule des deutschen Staatsrechts im vorigen Jahrhundert machen sollte, und täuscht mich die Entdeckerfreude nicht, so tragen die hier geführten Verhandlungen etwas von dem Reiz an sich, der Erörterungen über die zweckmässigste Methode wissenschaftlicher Thätigkeit eigen ist. Zu dem sachlichen Interesse gesellt sich ein persönliches. Jene Erörterungen sind zwischen Männern gepflogen, welche durch Erfahrung oder Einsicht das Wort zu ergreifen berufen waren und nach der Art, in der sie es geführt, wie nach der Stellung, die sie im öffentlichen Leben oder in der Geschichte ihrer Wissenschaft eingenommen haben, noch heute verdienen gehört zu werden.

Das Jahr 1748 und die nächstfolgenden bilden eine friedliche Oase inmitten einer kampferfüllten Zeit, recht geeignet zu Verhandlungen über die beste Art der Förderung eines Culturzweiges, wie sie das fortschrittsfrohe Jahrhundert liebte. Wenn auch die Kämpfe vor 1748 Göttingen nicht so in ihren unmittelbaren Bereich zogen wie die des folgenden Jahrzehnts, so haben sie doch seine Leiter zu sehr in politische Sorgen und Arbeiten verstrickt, als dass nicht die Pflege der jungen Anstalt davor hätte zurücktreten müssen. Kriegerische und diplomatische Verwicklungen, wie sie während der ersten zehn Jahre ihres Bestehens den Horizont getrübt hatten, hatten wenigstens einstweilen ihr Ende erreicht. Die Krone des römischen Reiches war nach kurzem Zwischenspiel wieder auf dem Haupte Habsburgs befestigt, Friedrich der Grosse im Besitze Schlesiens durch den Dresdener Frieden gesichert. Im Frühjahr 1748 hatten die zu Aachen unterzeichneten Präliminarien auch den Frieden zwischen England, Frankreich und den Niederlanden herbeigeführt. Im Sommer des Jahres erschien König Georg II. von England auf dem Continente, um seine Erbländer aufs neue zu besuchen und die Universität, die seinen Namen trug, zum erstenmale zu begrüssen. Die Anfangsschwierigkeiten ihrer Existenz waren überwunden. Entsprachen die Erfolge auch nicht vollauf den Erwartungen, die ihre Begründer gehegt, glänzten nicht in jeder Facultät zwei Namen ersten Ranges, blieb die Frequenz der Studirenden hinter der gehofften Zahl zurück, so war doch die neue Hochschule im Reich und darüber hinaus bekannt und angesehen. Sie war der Gefahr entronnen, eine Anstalt von 4—500 vi et precario zusammengebrachter Landeskinder zu sein, hatte tüchtige Lehrer, Studirende, deren gute Sitten man rühmte — schon sprach man mit Selbstbewusstsein von Göttingischer Lebensart und Manieren —, wohlgeordnete Einrichtungen und Lehrmittel, vor allem eine Bibliothek, deren Bücherschatz an Zahl und Werth den jeder andern deutschen Universität übertraf. Sie hatte neben Freunden ihre werthgeschätzten Neider, und man war der frohen Zuversicht wie des guten Humors, sich deren je länger je mehr zu wünschen. Sie hatte endlich — und das war ihr grösster Vorzug, ihr festester Halt — einen Curator, der mit unvergleichlicher Umsicht und mit allumfassender Sorgfalt über ihrem Gedeihen wachte, der, selbst gründlich gebildet, Einsicht in die Bedürfnisse des Unterrichts wie der Forschung besass und von Hochachtung vor aller wissenschaftlichen Thätigkeit erfüllt war. Der König hatte sich nicht selten durch die Schwierigkeiten, welche sich dem Aufkommen Göttingens entgegenstellten, beirren und verstimmen lassen; mancher seiner Rathgeber mochte sich inmitten der Stürme, die nach der Thronbesteigung Friedrich des Grossen das Reich bewegten, des alten Kammerpräsidenten von dem Bussche erinnern, der dem Universitätsproject gegenüber geäussert hatte: man müsse sich hüten, etwas neues anzufangen. Gerlach Adolf von Münchhausen, der die kleinen und grossen Schwierigkeiten des Anfangs alle einzeln durchzukosten hatte, war nicht müde und nicht irre geworden und erlebte nun die Genugthuung, dass ihm Georg II. bei seiner Anwesenheit in Göttingen seine volle Anerkennung über das Erreichte aussprach. Man kennt die Scene bei der feierlichen Tafel auf dem Rathhause am 1. August 1748, wo der König dem Minister auf das Wohl seiner Tochter, der Georgia-Augusta, zutrank.

Bei seinen Arbeiten für die Einrichtung der neuen Universität hatte sich Münchhausen vorzugsweise von dem Beispiele Halles leiten lassen. Er hatte selbst in Jena und Halle studirt und mehr Gefallen an der Hallischen als an der Jenaischen Lebensweise gefunden. Offenen Auges hatte er Personen und Zustände beobachtet und sich die Ursachen klar zu machen gesucht, die einen so raschen Aufschwung der jungen Anstalt bewirkt hatten. In seinen Briefen aus der Gründungszeit Göttingens finden sich zahlreiche Hinweise auf das Gute in den Hallischen Einrichtungen und Zuständen, das er in Göttingen nachgeahmt zu sehen, neben der Erwähnung einzelner Misstände, die er seiner Schöpfung fern zu halten wünschte. Es war Münchhausens lebhaftes Bestreben gewesen, von den berühmten Juristen Halles einige für Göttingen zu gewinnen; aber das Verbot Friedrich Wilhelm I., fremde Vocationen anzunehmen, hatte ihm die brandenburgischen Universitäten und die mancher andrer Landesherren, die dies Beispiel nachahmten, gesperrt. Die Bildung der juristischen Facultät stiess daher auf nicht geringe Schwierigkeiten und, als endlich eine Zusammensetzung erreicht war, litt sie an mancherlei Mängeln, entbehrte vor allem der Beständigkeit und wurde dazu noch durch Unglücksfälle gestört.

Die Zahl der Ordinarien schwankte in dem ersten Jahrzehnt zwischen fünf und sechs; vorübergehend gab es deren sieben, ein Semester hindurch auch bloss vier. Daneben fungirte regelmässig ein Extraordinarius; gegen Ende des Zeitraums stieg deren Zahl auf drei. So grosse Stücke Münchhausen auf jus publicum und Deutsches Recht hielt, er war weit entfernt davon, die Bedeutung des Römischen Rechts zu verkennen. Das collegium Pandectarum ist ihm nicht bloss das allerweitläufigste, sondern auch das wichtigste in der Jurisprudenz. Es war stets mindestens durch zwei Ordinarien vertreten, die nicht etwa alternirten, sondern im nämlichen Semester, abweichend insbesondere hinsichtlich des zu Grunde gelegten Compendiums, lasen. Die eine Stelle hatte lange Zeit Gebauer, professor juris primarius, inne; der erste nach Göttingen berufene Lehrer, hat er ihm von 1734—1773 angehört, wo er 83jährig starb. Um so wechselnder war die Besetzung der zweiten Stelle. Brunnquell, dem ein sehr guter Ruf von Jena her vorausging, starb wenige Monate nach seiner Ankunft (1735). Sein Nachfolger Reinharth verwaltete sein Amt, wie Pütter meldet, mit grossem Beifall, lebte aber nicht länger als bis 1743; dessen Nachfolger, Wahl, lehrte von 1743—1755. Zwischendurch hatte auch Gottfried Mascov, der Bruder des berühmtern Historikers Johann Jacob M., das Römische Recht vertreten, sich aber nur vier Jahre (1735—1739) halten können. Seine Unverträglichkeit, seine allzu handgreiflichen Deductionen im Spruchcolleg, die er dem Prorector gegenüber damit rechtfertigte, dass in allen Collegiis dergleichen vorkäme, machten seinen Rücktritt nothwendig.

Die heutige Abgränzung der Lehrfächer war jener Zeit unbekannt. Nicht bloss die Ankündigungen der Extraordinarien wie Senckenberg, Ayrer u. a. stellen eine wahre Musterkarte von Vorlesungen zusammen, auch Ordinarien docirten über sehr verschiedenartige Materien. Neben dem Römischen Rechte lasen Reinharth über Criminalprocess, Mascov über Criminalrecht und principia juris Germanici, Gebauer über Tacitus Germania und Staatengeschichte, wie er in Leipzig die Morgenstunden, welche Gold im Munde führen, zur Erklärung der Rechte, die ihren köstlichen Kern in bittern Schalen bergen, und den Nachmittag zum Vortrag der Geschichte, die durch ihre Annehmlichkeit den schon einigermassen beschwerten Geist aufzumuntern vermag, angewendet hatte. Die ältesten Vorlesungsverzeichnisse führen Professoren der juristischen Facultät zugleich in der philosophischen auf. Dafür bieten insbesondere die ersten Vertreter des jus publicum in Göttingen ein Beispiel: Treuer und Schmauss. Der erstere, der Gegenwart noch durch seine Geschlechts-Historie der Herren von Münchhausen (1741) bekannt, kam 1734 von Helmstädt, wo er Theologie und Staatsrecht verbunden hatte, hierher zur Uebernahme der Professur der Politik und Moral; in der juristischen Facultät las er jus publicum Romano-Germanicum nach Anleitung des Mascov'schen Compendiums, in der philosophischen Ethik und Politik. Der andere, Johann Jacob Schmauss, ist eine viel namhaftere Persönlichkeit. Er hatte in seiner Jugend in Halle docirt, kam aber nach Göttingen 1734 aus einer praktischen Stellung, aus den Diensten als Kammerrath in Baden-Durlach. Auch während dieser Thätigkeit hatte er sich schriftstellerisch beschäftigt, und die damals entstandenen Sammlungen, das Corpus juris publici academicum und das Corpus juris gentium academicum, waren die ersten derartigen, sehr brauchbar und zuverlässig hergestellten Sammlungen für Lehrzwecke. Das erstgenannte Werk, bis ans Ende des Jahrhunderts in fortgeführt neuen Auflagen herausgegeben, ist noch heute für den Handgebrauch beliebt. Schmauss erhielt das Amt eines professor juris naturae et gentium und las in der juristischen Facultät jus publicum Romani imperii nach J. J. Moser, jus publicum universale, über Hugo Grotius de jure belli ac pacis, in der philosophischen Facultät über die merkwürdigsten Ereignisse der neuern Geschichte, die er nach den Grundsätzen des Völkerrechts und der Politik erklärte, eine Vorlesung, die sich mitunter schon zu einem sg. Zeitungscolleg gestaltete. Seit dem Wintersemester 1737 bot er jussu Maecenatum, wie sich seine Ankündigung ausdrückt, der cupida legum juventus, ein collegium legis praeparatorium tum de praecognitis juris tum de recta via in studio universae jurisprudentiae singulisque ejus partibus tenenda an. Von der

Einrichtung dieses neuen Collegs, das bald den Namen der Rechtsencyclopädie erhielt, giebt ein kleiner von Schmauss 1737 veröffentlichter Grundriss einen guten Begriff. Die nach seinem Tode publicirten Vorlesungen über das deutsche Staatsrecht lassen erkennen, wie klar und zweckmässig sein Vortrag beschaffen war, und machen es begreiflich, dass er sich grossen Beifalls zu erfreuen hatte. Wir besitzen darüber ein Zeugniss von Büsch, dem bekannten Volkswirth und Begründer der Hamburger Handelsakademie, der seit 1748 in Göttingen studirte: „Nie habe ich in Erwerbung einer mir bis dahin neuen Kenntniss erfahren, was der Vortrag bei derselben leiste." An eine Aeusserung Lessings gegen seine Hamburger Freunde während des Streites mit Klotz: lass ihn anfangen, was er will; da ich ihn einmal aufs Korn gefasst habe, so folge ich ihm allenthalben nach, und wenn's auch ins deutsche Staatsrecht wäre, knüpft er die Bemerkung: „Lessing wollte eine recht langweilige Wissenschaft nennen, über die wir uns wundern sollten, wie sie ihm interessant werden könnte; er würde es nicht gesagt haben, wenn er nur einige Stunden Schmaussens Vortrag darüber angehört hätte." Der Schweizer Isaac Iselin, bekannt durch seine Geschichte der Menschheit, der Schmauss gleichzeitig mit Büsch hörte, rühmt, dass sein historischer Vortrag sowie seine Methode in Behandlung des Staatsrechts und der Statistik so hell, so bestimmt, so ordnungsvoll gewesen sei als bei irgend einem der geübtesten philosophischen Denker. Und wenn diese Zeugnisse Schmauss überwiegend um der Form seiner Vorlesungen willen loben, so haben andre sein überraschend treffendes und kühnes Urtheil, das der Erfolg vielfach gerechtfertigt habe, seinen Freimuth in der Beurtheilung staatlicher Verhältnisse, den Ton politisch-freien Nachdenkens in seinen Schriften hervorgehoben, und den Ruhm, den das Göttingen des vorigen Jahrhunderts in dieser Richtung errungen, von dem „vielen zu früh fremd gewordenen Schmauss" datirt. Hugo rechnet ihn unter die besten Köpfe, die je in Göttingen gelehrt haben, nur — setzt er hinzu — war sein Privatleben nicht sehr erbaulich. Wie es mit seinen „Sentiments circa sacra, seinem Leben und Wandel, von dem man schon vor seiner Ankunft in Göttingen soviel Schaden für die studirende Jugend besorgte, als seine übrigen merita und Wissenschaften Gutes stiften würden", bestellt gewesen sein mag, kann auf sich beruhen; aber in der Wahrnehmung seines Amtes muss er sich doch schwerer Versäumniss schuldig gemacht haben, wenn ein so wohlwollender Vorgesetzter wie Münchhausen sich im Sommer 1742 veranlasst sah, Schmauss daran zu erinnern, dass „die fleissige Haltung der collegiorum als das wesentlichste Stück considerirt werde, in remunerationem und in Bedingung dessen der König so ansehnliche Besoldungen ausgeworfen habe", und die Besorgniss äussert, dass „von Sr. Königlichen Majestät wohl gar wegen Zurückhaltung der Besoldung etwas verfüget werden könte". Es mag damit zusammenhängen, wenn Schmauss im nächsten Jahre einen Ruf nach Halle annahm, ein Schritt, den er bald genug bereute; denn schon im Herbst 1744 suchte er um Wiederaufnahme an der Göttinger Universität nach. Münchhausen liess ihm sehr wohlwollend schreiben, sagte ihm seine Verwendung zu, ermahnte ihn aber als Freund, für beständige Harmonie mit den Collegen zu sorgen, den cultum divinum externum nicht zu verabsäumen und diejenigen durch die That zu widerlegen, welche an seinem Christenthum ohne Grund zweifelten, und in Collegiis und Discursen nichts einfliessen zu lassen, was zum Nachtheil der Religion ausgebeutet werden könnte. Seit Anfang 1745 hat Schmauss dann wieder seine frühere Stelle eingenommen und sie bis zu seinem Tode (1757) bekleidet. Der zarte Ausdruck Pütters: der Hofrath Schmauss schien in seinen letzteren Jahren nicht mehr mit dem Eifer wie bisher seine Lehrstunden zu halten, deutet wohl genugsam an, dass nicht bloss das zunehmende Alter die Schuld trug.

Als das Ministerium 1743 dem Könige das von Schmauss eingereichte Gesuch um Demission vorlegte, beruhigte es wegen des drohenden Verlustes damit, dass Göttingen ohnedem mit einem gar berühmten Historico versehen sei und sich für den Publicisten ein Ersatz werde finden lassen. Die beiden Trostgründe waren nicht gleichmässig stichhaltig. Der Historiker, den man besass, war Joh. Dav. Köhler, der, Michaelis 1735 von Altorf berufen, bis zu seinem Tode 1755 die professionem historiarum verwaltete. Man weiss heute wenig mehr von diesem ersten Historiker Göttingens. Seine genealogischen Tafeln, seine numismatischen Arbeiten werden mitunter noch bei gelehrten Untersuchungen benutzt. Büsch, der auch ihn hörte, urtheilt: „Köhler war ein geschickter Geschichtforscher, aber nicht fähig, den richtigen Gesichtspunkt anzugeben, das Wichtige auszuheben und das minder Wichtige schnell zu übergehen." Das gründliche Wissen bestätigt eine grosse Anzahl kleiner Monographieen in Dissertationen- und Programmenform; den Mangel der darstellenden Kunst und Kraft seine „kurzgefasste und gründliche teutsche Reichshistorie", ein Quartband von fast 700 Seiten, 1737 erschienen und die Grundlage der historia regni imperiique Romani-Germanici bildend, welche er regelmässig neben den historischen Hülfswissenschaften in seinen Vorlesungen behandelte. Dass dieser Gegenstand nicht bloss dem Namen nach ein Gemeingut der Juristen und Historiker bildete, zeigt der angeführte Ausspruch des Curators, der den Abgang eines Juristen wie Schmauss durch das Vorhandensein eines Historikers gedeckt fand. Für die andere Seite der Professur, welche Schmauss vertreten hatte, einen Ersatz auf den protestantischen Hochschulen Deutschlands zu finden, fiel weit schwerer, als man erwartet hatte, obschon man bereit war, die Besoldung, welche der abgegangene Publicist genossen hatte, zu erhöhen. Da in demselben Jahre, wo Schmauss Göttingen verlassen hatte, Treuer starb, so nahm sich Ayrer des verwaisten jus publicum an. Ayrer, der in Göttingen von unten auf gedient hatte, las und schrieb über sehr verschiedene Theile des Rechts, war aber weder als Lehrer, noch als Schriftsteller sehr bedeutend und hatte zu seinen einzelnen Abhandlungen das Beste von der Regierung mitgetheilt erhalten (Hugo). Nach aussen hin war er einer der wohlbekanntesten Göttinger. An ihn kamen, sowie an Gellert in Leipzig, die meisten Aufträge, Hauslehrer und Hofmeister vorzuschlagen; er verstand zu repräsentiren, war des Französischen mächtig und wurde in den nachfolgenden Kriegsjahren wiederholt zu Verhandlungen mit den französischen Heerführern verwandt. Seine Tüchtigkeit in Verwaltungsgeschäften und das Ansehen, das er genoss, verschafften ihm sechsmal die Würde eines Prorectors. Münchhausen stand mit ihm in reger Correspondenz, äusserte aber nach dem Weggang von Schmauss gegen Gebauer, er höre, dass man zu des Herrn Ayrers Wissenschaft in jure publico kein Vertrauen habe, und insonderheit die Nobiles darauf gedenken, ihre Kinder nach Leipzig oder Halle zu schicken, falls nicht ein guter Publicist wieder nach Göttingen gesetzet würde. Schmauss' Rückkehr bot nur eine vorübergehende Hülfe.

Schon in den ersten Jahren der neuen Universität hatte ein berühmter praktischer Jurist in Hildesheim, den Münchhausen gern um Rath fragte, Georg David Strube vorgestellt, wie Halle durch zweierlei Lehrer emporgekommen sei: durch einige grosse Leute, die schon in der Reputation standen, wie sie hinkamen, und durch verschiedene Subjecte, so auf dieser Academie erst berühmt worden. Da Göttingen von der ersten Gattung keinen einzigen habe, so sei auf die zweite fürnemlich zu sehen und zu hoffen, dass so viel frische junge Leute sich noch rechtschaffen angreiffen und hervorthun werden. Es muss eine Pepiniere gelehrter Männer und verschiedene Professores extraordinarii da seyn. Diesen Rath befolgte Münchhausen, und wie in andern Facultäten, so hat er ganz besonders in der juristischen gute Frucht getragen. Seit den vierziger Jahren kamen zwei jüngere Männer nach Göttingen, die dem juristischen Studium dauernd einen grossen Ruf zu sichern bestimmt waren. Der eine war Georg Ludwig Böhmer, ein Sohn Just Hennings, Hallenser Doctor, seit 1740 Extraordinarius, seit 1742 Ordinarius in Göttingen, der neben den Pandekten, über die er nach seines Vaters Lehrbuch las, Lehnrecht und Kirchenrecht vertrat, als Lehrer wie als Schriftsteller gleichermassen verdienstlich bis an sein Lebensende (1797) thätig. Der andere Johann Stephan Pütter. „Wer an den Glanz Göttingens im vorigen Jahrhundert denkt, erinnert sich Pütters vor den meisten seiner Genossen," hat Robert von Mohl von ihm gesagt. Münchhausen durfte sich das Verdienst zuschreiben, frühzeitig seine Gaben erkannt und ihn für Göttingen herangezogen zu haben. Durch einen Verwandten, den Kammergerichtsassessor von Schwarzenfels, auf den jungen Marburger Licentiaten, der häufig in Sachwaltergeschäften in Wetzlar verkehrte, aufmerksam gemacht, übertrug ihm Münchhausen im Sommer 1746 ein Extraordinariat in der juristischen Facultät mit der Verpflichtung, den Reichsprocess zu vertreten und der Aussicht, bei einer durch den Abgang von Schmauss oder Köhler inskünftige entstehenden Vacanz aufzurücken. Zugleich bewilligte Münchhausen die Mittel, um ihn bei einer vor Antritt seines Amtes zu unternehmenden gelehrten Reise nach Wetzlar, Regensburg und Wien zu unterstützen. Zu Michaelis 1747 trat Pütter, nicht viel über 22 Jahre alt, seine Professur an und suchte zunächst den Reichsprocess bei den Zuhörern einzubürgern, ohne damit ,bei der Herkunft der meisten aus nicht appellabeln Ländern, aus Territorien, die vermöge Privilegs der Gerichtsbarkeit des Reichs entzogen waren, viel Anklang zu finden. Hatte er auch mit seiner andern Vorlesung, dem deutschen Privatrecht, bessern Erfolg, so bewog ihn doch das Unbefriedigende seiner Lage, welche ihm den Zugang zu den ihm nach seinen bisherigen Studien nächstliegenden Fächern des Staatsrechts und der Reichshistorie sperrte, folgende Eingabe unter der Ueberschrift: Plan, wonach ich ohngefähr meine künftige Arbeit einzurichten gedächte, dem Curator zu übersenden.

1) Vor der Hand habe ich mit meinen zwei Collegiis über den Reichsprozess und über das jus Germanicum nebst einem publico über die juristische Litteratur, ingleichen mit Lesung und Excerpirung der bewussten Manuscriptorum und mit Ausarbeitung des Reichshofraths-Processes ziemlich hinlängliche Beschäftigung; zumahl, da ich noch überdies angefangen habe, das in meiner oratione inaugurali berührte thema de statu summorum tribunalium hodierno in einer Teutschen Abhandlung umständlicher auszuführen, welche noch gerne vor Ostern zu Stande bringen mögte.

2) Wie aber meine Hauptabsicht und mein Beruf eigentlich darauf gehet, einmal vornehmlich in jure publico der Academie dienen zu können, so erachte mich zu diesem Hauptendzwecke alle meine Bemühungen einzurichten um so mehr verbunden, je grössere Cultur es erfordert, in diesem so wichtigen als weitläuftigen Studio etwas gründliches und rechtschaffenes sive docendo sive scribendo zu prästiren.

3) Nachdem ich nun deszfalls in meinen schon mehrmahlen geäusserten principiis: dass auch im Dociren in gewißer Ordnung der Disciplinen fortzuschreiten nöthig, je länger je mehr gestärket werde, so hoffe ich zwar allenfalls jedesmahl auf Erfordern schon ein collegium juris publici vielleicht nicht ohne alle Satisfaction der Zuhörer lesen zu können. Gleichwie aber eines Theils die Reichshistorie und andern Theils die allgemeine principia juris publici unniversalis nie gnug vorausgesetzt werden mögen, so wünsche ich nichts mehr als hierin selbst docendo mich noch weiter vorher zu üben, um mit noch desto besserem Fortgange hernach das jus publicum selber zu seiner Zeit dociren zu können.

4) Zu dem Ende habe ich nach Ueberlegung aller auch anderer z. E. ratione ceterorum docentium und sonsten hiebey vorkommender Umstände gedacht nächst Gottes Hülfe alles dazu vorzubereiten, daß so wie Herr Hofrath Schmaus im Sommer über sein compendium die Reichshistorie pragmatisch zu dociren pfleget, ich im Winter selbige zu lesen, etwa künftiges Jahr, nemlich Michaelis 1749 den Anfang machen wollte.

5) Darneben habe ich, was das jus publicum universale anbetrifft, mit dem Herrn Professor Achenwall den Entschluss gefasset, dass, da dieser ohnedem das jus naturae et gentium mit seinen historischen Arbeiten zu verbinden willens ist, wir in Bearbeitung dieser Wissenschaft und vielleicht in gemeinsamer Ausarbeitung eines compendii uns einander dergestalt beystehen wollen, dass jener besonders das jus gentium und ich das jus publicum und civile universale auszuarbeiten übernähmen.

6) Nun bin ich überall versichert, daß einem Docenten und eben dadurch der Academie weit zuträglicher ist, von gewissen hauptsächlich seiner Bemühung gewidmeten Wissenschaften erst ein gewisses System im gantzen zu haben als durch einzelne Ausarbeitung specieller Materien sich zu sehr zu diffundiren, von systematischer und auf Universitäten (sollte es auch anfänglich nur in principiis generalibus bestehen) höchst nöthiger Einsicht abzuhalten und doch in specialibus nur Stückwerk zu erlangen, da zumahl ohnedem nach einem vorher sich gemachten systemate die Ausarbeitung einzeler Theile weit glücklicher von statten gehet.

7) Indessen kann nichts destoweniger gar wohl damit bestehen, daß unter der Hand bisweilen eine Nebenarbeit und Abhandlung einer speciellen Materie darzwischen vorgenommen werde, wenn nur nicht zu jener Hauptabsicht die Zeit zu viel benommen wird.

8) Also hoffe ich, dass meines geringen Theils den obhabenden Pflichten nicht zuwider handeln werde, wenn gedachtermassen in der ersten Zeit noch fortfahre zu gemeldter Hauptabsicht mich immer mehr und mehr vorzubereiten und vor der Hand mich mehr mit Erlangung und Erweiterung systematischer Einsicht im gantzen als mit speciellen Ausarbeitungen zu beschäftigen, obgleich diese deswegen doch nicht gantz unterbleiben dürfen.

Ich werde in allen meinen Bemühungen desto eifriger seyn, wenn ich hoffen darf, dass andern hohen Absichten solche nicht zuwider, zu deren gnädigster Direction ich alles dieses unterthänigst zu eröffnen meiner Schuldigkeit erachtet.

Der im vorstehenden Schreiben erwähnte Achenwall ist ein neues Beispiel für Münchhausens Verfahren, für einen Nachwuchs jüngerer Talente zu sorgen. Er hatte mit Pütter gleichzeitig in Marburg über Geschichte, Statistik, Natur- und Völkerrecht docirt und war dann auf Anregung seines Freundes durch Münchhausen aufgefordert, seine Vorlesungen in Göttingen fortzusetzen. So bescheiden Stellung und Gehalt waren, die man ihm bieten konnte, er siedelte zu Ostern 1748 über, und Göttingen gewann in ihm den Vater der deutschen Statistik.

Den von Pütter eingereichten Plan legte Münchhausen zwei gelehrten höhern Beamten seiner nächsten Umgebung vor. Der eine war der schon genannte G. D. Strube, seit 1740 als geheimer Justizrath und Consulent der Landesregierung in Hannover wohnhaft; der andere Christ. Ludw. Scheidt, selbst eine kurze Zeit Extraordinarius der Göttinger juristischen Facultät, dann Professor in Kopenhagen, seit Michaelis 1748 Bibliothekar und Archivar in Hannover, bekannt als Herausgeber der Origines guelficae. Die Gutachten, welche beide Männer erstatteten, sind erhalten.

Ich bin allerdings der Meinung, dass es der studirenden Jugend auf Universitäten vortheilhafter wäre, wenn sich die Herren Professores nicht mit allzu vielen Collegiis überhäuften, und sich dabey begnügen liessen, dass ein jeder täglich drei Stunden aufs Dociren verwenden wollte. Dann auf solche Weiße würde es geschehen, daß man in einer Stunde mehr Realia in einem Collegio vortragen könnte, als oft jetzo kaum in zehn und mehreren geschiehet, da man sich entweder aus Ambition oder Gewinstsucht oder einem andern Trieb, was es auch vor einer seyn mag, persuadiren läßet, täglich fünf bis sechs Stunden zu lesen. Wodurch es nothwendig geschiehet, daß der allzusehr zerstreuete Docens, weilen ihme keine Zeit zur Meditation übrig bleibet, im Vortrag quicquid in buccam venit hersagt, und um doch gleichwohlen den Applausum nicht zu verlieren, das, was ihme an Realität abgehet, durch bons mots und andere Außschweifungen zu ersetzen suchet und in so weit kan ich des Herrn D. Pütters Plan quoad n. 1 nicht anderß als approbiren.

Die Collegia selber aber anbelangend, welche dieser gelährte Mann liesset, lasse ich es dahin gestellet seyn, ob nicht besser gethan wäre, wann sein Fleiß, welchen er auf Excolirung des Juris Germanici verwendet, fürnemlich in einem guthen practischen Collegio über den Lanterbach den Reichthum seiner Früchte darlegen wollte. Dann so ein großer Verehrer ich von demjenigen bin, was ad jus Germanicum und deßen mehrere Cultur beygetragen werden kan, so wenig kan ich zur Zeit mich bereden, daß man selbiges auf denen Academien außer der Verknüpfung mit denen Römischen Rechten dociren soll. Denn da unser ganzes Wißen auf praxin gehen muß, so frage man nur Leuthe, welche 20 Jahre und länger in Collegiis et Dicasteriis gesessen sind, wovon sie den meisten Nutzen bey ihrer Praxi haben können, so wird sichs bald äußern, daß man in unzählig vielen Fällen mit dem kleinen Struv und Lauterbach weiter komme, als alle unsere bißherige Herrn Doctores juris Germanici. Da es aber gleichwohlen eine Schande ist, jus civitatis suae ignorare, und die alten teutschen Gesetze und Gebräuche nicht allein ihre große Anmuth, sondern auch ihren wahrhaften Nutzen in der heutigen Verfaßung unserer bürgerlichen Gesellschaften haben, so rathe ich immer zur Verknüpfung beyder Rechte, weilen es doch einmahl wahr ist, unum esse discendum, alterum non omittendum. Und da freylich noch Dinge in jure Germanico übrig sind, die nicht genugsam ins Licht gesetzet worden, so scheinet es mir allemahl bequemer zu seyn, an deren separate Außarbeitung zu gedencken, als um einer oder der andern Materie willen, die man beßer etwan und mit näheren Beweißen als ein anderer eingesehen hat, auf ein ganz neues Compendium oder Systema zu gedencken. Dann überhaupt von dergleichen Compendiis je meine Meinung zu sagen, so sehe ich es als eine große Hinderniß der Gelährsamkeit an, daß ein jeder Docens sein eigenes Manuale schreiben will. Dann dießes muß nothwendig heißen crambem decies coctam recoquere. Warum machet man nicht lieber observationes, animadversiones und supplementa zu denen schon vorhandenen Compendiis, und erspahret sich dadurch die Mühe, a charta in papyrum hinzuschreiben, was andere schon vorhero richtig genug außgeführet haben? Und in so weit düncket es mich, daß der gelährte Herr D. Pütter mit dem num. 5 versprochenen Werk nicht eilen, am allerwenigsten aber sich dardurch, wie es aus n. 6 fast scheinen will, an einzlen Außarbeitungen speccieller Materien abhalten laßen soll, dann nach meiner wenigen Einsicht in den Zusammenhang der Wißenschaften ist allemahl von diesen ein mehrerer Nutzen als von jenen zu hoffen. Was n. 3 und 4 gesagt und versprochen wird, ist wohl gedacht und kan nicht anderst als der Universität nützlich seyn; vielleichts liess sich der gelährte Herr Professor Pütter wohl persuadiren, künftige Ostern schon sein jus publicum et civile universale anzufangen und damit in einer noch besondern Stunde das jus publicum Germaniae zu verknüpfen. Dann das systema, das ihme als einem Docenten zu machen nöthig ist, muß er allbereits im Kopf haben und nicht erst erlangen dörffen, wann er sein Compendium schreibet, ob gleich in einzlen Materien immer bey einem jeden Gelährten, er habe es auch so weit gebracht, als er wolle, das plus ultra nicht aufhöret, und unsere Cognition ihre tägliche incrementa haben muss. Dießes sind meine unvorgreifliche Gedanken über den mir gnädig communicirten Plan des Heren Prof. Pütters. Darf ich sonsten das Köhler- und Gebauerische videtur über meinen Entwurf de originibus guelficis ein paar Tage in Händen behalten, so solte es mir sehr lieb seyn. Ich wünschte mehrerer solcher gelährter Männer Gedancken über diese Materie zu lesen, ob sie mich gleich noch nicht convinciren, daß ich meine damals geäußerte Meinung so gleich fahren laße.

Ich empfehle mich unter devotester Apprecirung eines gesegneten Fests zu Ew. Hochgebornen Excellenz hoher Huld und Gnade.

Hannover, den 26ten Decembris 1748.

C. L. Scheidt.

## G. D. Strubes Gutachten.

1) Daß jeder Professor ein Compendium juris schreibet, um darüber zu lesen, halte ich für eine überflüßige Sache, wodurch die Läden mit vielen Büchern beschwehret werden, deren man gar wohl entbehren kan. Sonsten aber schadet solches zu nichts.

2) Mit den jure Germanico hat es jedoch eine sonderbahre Bewandniß. Weil uns ein brauchbahres Systema und Compendium deßelben annoch fehlet, so ist die Verfertigung eines solchen Buchs sehr nützlich. Man kann es zwar in einem Collegio Pandectarum zugleich lehren und bey jeden Titul die dahin gehörigen Materien einschalten. Es sind und bleiben aber alsdann scopae dissolutae, und die Analogia juris, worauf es fürnemlich ankomt, wird beßer begriffen, wenn man das ex antiquis institutis Germanorum annoch geltende Recht in einen besondern Zusammenhang lehret, nicht aber sowohl aus den Lindenbrogio Baluzio etc. was annoch bey uns obtiniret, erlernet, als das noch übliche Recht daraus erkläret.

Ueber den Lauterbach zu lesen ist Herr Pütter nicht destiniret. Dazu gehöret mehre Wißenschaft der Römischen als Teutschen Rechts. Inmittelst glaube ich gern, daß Richter und Advocaten in foro den Lauterbach öfter gebrauchen müßen als das beste Compendium juris Germanici. Daher aber folget nicht, daß das letztere unnütz ist, sondern deßen Ursach ist diese, daß fast unzehlbahre casus speciales, welche die alte Teutsche nimmer genau aus einander gesetzet haben, sondern deren Entscheidung dem Dünckel der Schöppen überließen, von den Römischen Rechts Gelehrten secundum principia rationis mehrentheils sehr wohl entschieden sind, daher denn auch ·die receptio juris Romani großen Nutzen hat, und wenn nur ein und andere sich auf unsern Statum übel schickende mere civilia weggethan, mithin der Proceß verkürtzet würde, so wäre an der Jurisprudentz nicht viel auszusetzen.

3) Herr Pütter hat bereits ein Compendium juris Germanici geschrieben, daher die Frage überflüßig, ob ihm diese Arbeit anzurathen sey? Wenn er es suppliret und verbeßert, so kan mit der Zeit ein gutes Buch daraus werden.

Daß er mehre Compendia verfertige, halte ich nicht für nöthig, sondern die Ausführung specialer Materien für beßer. Dadurch setzet er sich und zugleich die Universität in Reputation. Dieses geschiehet nur in Schriften, welche neue Wahrheiten enthalten, oder alte Wahrheiten mit neuen Gründen bestärcken, welches in Compendiis ihrer Kürtze halber selten geschiehet.

Von den beiden Gutachten hatte Münchhausen das Scheidts zuerst erhalten und, wie der Passus: über den Lauterbach u. s. w. beweist, Strube zur Berücksichtigung bei Abgabe seines Votums mitgetheilt. Beide Gutachten stimmen darin überein, dass sie das Abfassen von Compendien, dem Pütter den Vorzug geben wollte, für weniger nöthig halten als die Bearbeitung von Monographieen. Wenn Münchhausen sich von beiden Gutachten nicht befriedigt fühlte, so mag dazu ihre geringschätzige Beurtheilung des Compendienschreibens nicht wenig beigetragen haben; denn wiederholte Aeusserungen von ihm bezeugen, welchen hohen Werth er darauf legte, wie er wünschte, dass jeder Docent womöglich über sein eigenes Compendium lese. Münchhausen theilte Pütters Plan noch einer dritten Persönlichkeit, einem Fachmann ausserhalb Hannovers, mit. Das ausführliche Gutachten, das er nach kurzer Zeit erhielt, übersandte er wie die beiden ersten an Pütter mit nachstehendem Briefe.

Hochedelgebohrner
Hochgeehrter Herr Professor.

Wie Ew. Hochedelgeb. beständiges Wohlsein zu Hertzen nehme, also habe auch den mihr vor einiger Zeit zugeschickten Plan wegen Einrichtung dero Studien und Arbeiten nicht nur reiflich überleget, sondern auch andere Gelehrten, zu deren Verschwiegenheit ich mich verlaßen kan, darüber zu Rath gezogen. Ich muß sagen, daß dasjenige, so mir der Hr. Geh. J. R. Strube und Hr. Scheidt darüber geantwortet, wenige Satisfaction giebt und nach ihrem gusto nur für die practischen Juristen allein eingerichtet ist. Ew. Hochedelgeboren erhalten aber hierbey ein andres videtur, so zwar mit mehrerer Freyheit und vielleicht größerer als es seyn solte, geschrieben, weil der Verfasser weder weiß noch vermuthet, daß es Ew. Hochedelgeb. zu Gesichte kommen würde, gleichwohl aber einige meines gedenkens ehest gleich kommende Sätze in sich faßet, die Ew. Hochedelgeb. nicht unlieb seyn werden.

Solten Ew. Hochedelgeb. vermeinen, daß Herrn Professor Achenwall mit einer gleichmäßigen Nachricht gedienet ist, so bitte ich ihn zu ersuchen, daß er mir seinen Plan ad instar des Ihrigen zusenden möge. Soepe vertor opportunos eventus. Zu der Disputation erfolget hierbey noch etwas und ich verbleibe abstets

Ew. Hochedelgeb.<br>Ergebenster Diener

Hannover, den 24. Jan. 1749. Münchhausen.

In Ansehung Herrn Prof. Pütters möchte sich alles auf folgende Fragen und deren Beantwortung reduciren: 1) Worauf er sich legen solle? 2) Wie er sich darauf legen solle? 3) Was er schreiben solle? 4) Wie er schreiben solle?

Ad 1. Halte ich dafür: *a*) ein junger Mann, der die freye Wahl hat, thue wohl, daß er aus dem großen ambitu der Jurisprudenz sich ein oder anderes Stück, worzu er Lust und Geschick hat, wähle, beständig dabey bleibe und es immer beßer excolire; so kan er etwas besonderes prästiren und brilliren; übernimmt er aber zu viel, so bleibt es bey dem alten wahren Sprüch-Wort: in omnibus aliquid, in toto nihil, und so tangt auch das Abspringen von einem Theil zum anderen nichts. *b*) Herr Prof. Pütter hat Lust zum jure publico, zum jure Germanico und zur praxi derer höchsten Reichs-Gerichte; daß dieses nützliche Departements seyen, ist außer Zweifel: dann obwohl einige von dem jure civili Germanico nicht viel halten wollen, so werden doch die, so in Aemtern stehen, in dem Fall, wann selbiges auf die ad Qu. 2 zu zeigende Art abgehandelt wird, gantz anderst davon urtheilen, und ich bin sicher, daß ein solcher Mann sich einen ausnehmend guten Nahmen verschaffen kann. *c*) Mit obigen 3 Disciplinen hat ein Mann sein Lebtag aller Hände voll und mehr zu thun, als ihme Zeit und Kräften zulaßen, wann er etwas rechtschaffenes darin prästiren will. *d*) Ich hielte dahero für überaus undienlich, wann Hr. P. Pütter sich gantz aus dieser Sphaere herausmachen und sich darneben auch auf das jus civile Romanum appliciren wolte; dieses erfordert wieder totum hominem und einen Mann von einem gantz andern Gout. *e*) Und ebenso wenig wolte ich H. P. Pütter rathen, einen Docenten in der Reichs-Historie abzugeben: ich irre vielleicht nicht, wann ich nach seinen Schriften urtheile, er habe keine Anlage darzu; ferner ist das Studium so weitläuftig, daß wann er etwas gründliches darinn thun will, er nothwendig obigen Disciplinen zu vil abbrechen muß; über dieses ist der reele Nutzen dieser Disciplin in praxi juris publici so groß nicht, als er von vielen gemacht wird, und die Historie des jetzigen Seculi allein kommt einem in praxi mehr zu Statten, als 7. und 8. seculorum medii aevi. Gut ist es also, wann Hr. P. Pütter die neueste und beste Scriptores systematicos historiae Germaniae pragmaticae fleißig lieset, sich bekannt macht und wo man der Historie benöthiget ist, weiß, wo es zu suchen ist; Schade aber, wann er weiter gehet. Das jus publicum et civile universale endlich laße ich als condimenta passieren, zur Recreation und eine force d'esprit zu zeigen; aber kein Haupt-Studium ist um soweniger daraus zu machen, als die meiste principia schwerlich so überzeugend gemacht werden können, daß sie nicht ein anderer, der anderst denckt oder andere Absichten hat, wenigstens mit einem auch nicht gantz leeren Schein impugniren und ein im Grunde gantz anderes Systema vortragen und vertheidigen kan. Am Ende seynd und bleiben es doch lediglich Raisonnemens; Raisonneurs zu machen aber wird Hr. P. Pütters Destination nicht seyn.

Ad. 2. Bey dem jure publico halte ich für die Grund-Maxime, daß Hr. P. Pütter den fast allgemeinen Fehler derer Academicorum verhüte, nemlich sich nicht zu viel auf Historie, jus publicum universale, obsolete oder seltene Casus etc. diffundire, sondern pragmatisch docire i. e. Sachen sage, die in praxi fürkommen und einen öfteren Nutzen haben, dabey auch der prudentiae juris publici nicht vergeße. Zu solchem Ende ist nöthig, sich die acta publica von denen Zeiten Kaysers Caroli V. an, sonderlich aber seit dem Religionsund Westphälischen Frieden fleissig bekannt zu machen, sonderlich die Familien-Verträge etc. derer großen Häuser in Teutschland, die wichtigste Privilegia derer Lande und Familien, das Hof- und Cantzley-Ceremonial etc. In specie müßen die Acta publica hujus seculi und die von Zeit zu Zeit einlaufenden Comitialia, die neueste Deductiones, Reichs-Hof-Raths Conclusa und Cammer-Gerichts-Urtheile, pragmatische ex ipsis fontibus verfertigte Commentarii über die Reichs-Grund-Gesetze u. s. w. des Herrn Professoris tägliche gelehrte Speise seyn; thut er dieses, so wird er famam und applausum 10 mahl mehr bekommen und junge Standes-Personen an sich ziehen, als wann er Ludewigs, Gundlings, Hahns, Speners und vieler anderen Wißenschaften beysammen hätte, zumahlen jetzo, da die Bahn immer beßer gebrochen und sowohl die Möglichkeit eines pragmatischen Vortrags des Staats-Rechts gezeiget, als auch dem anderen bißherigen allzu theoretischen weit vorgezogen wird. Um aber auch Staats-klug dencken zu lernen, hilft sehr viel, wann man Pufendorffs res Brandenburgicas et Suecicas, Khevenhillers Annales, Caraffae Germaniam sacram, Gärtners Westphälische Friedens-Cantzley, Vollmars Diarium, die Relationes und Protocolla in Meiern Actis pacis Westph. etc. mit Verstand lieset, so auch die Reichs-Hof-Raths-Conclusa u. s. w. Bey Tractirung des Juris Germanici ist abermahls sich nicht bey dem medio aevo auf die Weise, wie Senckenberg, Heineccius und Engau gethan, zu viel aufzuhalten, sondern auch hier lauter brauchbare Dinge zu sagen, und zwar nicht eben das, was in die materiam contractuum, testamentorum, ordinem judicarium u. dgl. einschläget; dann davon höret man endlich zur Noth noch etwas in guten collegiis Pandectarum, practicis u. s. w., sondern Sachen, so in die jura personarum in rebus publicis Germanorum occurrentium, item von Policey- Handlungs- Handwercks- Forst- Jagd- u. dgl. Sachen einschlagen.

Dieses muß der Docens selbst erlernen theils aus denen legibus provincialibus, sonderlich denen Landes- u. dgl. Ordnungen, General-Edicten u. s. w., theils z. E. was Cent-, Marck-, (i. e. gemeinschaftliche Wald-) u. dgl. Sachen betrifft, ex observantia, welche von peritis in arte, auch Bürgern und Bauern zu erlernen oder mühsam hin und her zu sammlen ist. Wer das jus Germanicum so tractieren wolte und zeigte, wie die Verfaßungen derer einzelen Provintzien und oft sehr großer Districte und mehrerer Reichs-Crayse in manchem coincidiren, in manchem discrepiren, der würde merveilles prästiren und seines gleichen noch nicht gehabt haben. Man schlage z. E. überall nach, was ad essentiam et jura einer Statt gehöre? Höchstens findet man etwas, das in Sachsen, Brandenburg, Westphalen etc. applicabel ist und in Schwaben, Francken und am Rhein fast gantz fallirt. Et sic in aliis. Zum Proceß derer Reichs-Gerichte endlich hat Hr. P. Pütter ein gutes Geschicht, wann er nur beobachtet, was ad 4. folget.

Ad. 3. Ein Mann, der selber dencken kan, thut meo judicio wohl, wenn er über alle Disciplinen, worinn er lieset, selbst Compendia verfertiget, weil ein solcher a) schwerlich in die Gedenckens-Art eines anderen sich gantz hineinstellen kan und ihme nothwendig bald die Methode, bald die Principia eines anderen nicht anstehen, welches sodann für den Docentem et Auditores eine beschwerliche Sache ist. b) Manche grosse Männer z. E. Schweder, Corvinus, Ludovici, Wolff, Buddeus u. s. w. haben wohl den größten Theil ihrer Reputation ihren edirten Compendiis zu dancken, und wann eines noch lebenden Professoris Compendia soviel Beyfall finden, daß nach und nach auf vielen Universitäten darüber gelesen wird, macht es ihme und der Universität, wo er stehet, selber Zugang. c) Soviel Compendia wir auch in obberührten 3. Disciplinen haben, so können doch selbige alle noch ungleich beßer als bißher geschehen compendiarie fürgetragen werden, zumahlen wann bey dem jure publico die so angenehm- als nützliche Rücksicht zugleich mit auf das punctum prudentiae, rationis status et id quod in praxi obtinet genommen wird.

Ad. 4. Wünsche ich allerforderist, daß ein Mann, der im Ansehen stehet, Hr. P. Pütter überzeugen möge, daß die Art seines Vortrags (quasi per tabellas), deren er sich z. E. in seinem sonst schönen Werck von der Reichs-Gerichts-Praxi bedienet hat, gantz und gar wieder den gout *aller* pragmatischen und Staats-Männer seye und ihme leicht primo intuitu von manchem ein sehr nachtheiliges Schul-Prädicat zu wegen bringen könne. Einmahl werden nimmermehr keine Schriften in publicis also abgefast: wer nachdencken kan, findet die Symmetrie eines Werks doch, wann gleich nicht, so zu sagen, der Werckschuh und Leist darneben hingelegt wird, sondern das Werck in einer natürlichen Ordnung von §§ fortläuft, und andere werden nicht klüger dadurch. Der große Philosoph Wolff schriebe auch demonstrativisch und mathematisch, aber nicht tabellenweis. 2) Angehende Gelehrte müßen eine gemäßigte ohnaffectirte Lectur durch selecte Allegationes anderer im Credit stehender guter Schriften zeigen und nicht nur bloß aus dem eigenen Kopf spinnen, zumahlen in Materien, die facti seynd oder wo ein Leser gerne bey anderen nachschlagen möchte, was sie davon dencken? oder noch eine mehrere Nachricht verlangen u. s. w. 3) Ist gantz nöthig und gut, daß Hr. P. Pütter gezeigt hat und noch weiter von Zeit zu Zeit zeigt, daß er lateinisch könne; wann aber seine Schriften auch Staats-Leuten unter die Hände kommen, ihme deren Bekanntschaft und dadurch der Universität einen nützlichen Zugang von jungen Standes-Personen, Deductionen und Actis in causis illustribus procuriren sollen, muß er sich ohnumgänglich auch in guten Teutschen Schriften sehen laßen, weil die wenigste Staats-Leute lateinische Schriften verstehen oder doch lesen mögen. 4) Es ist beßer wenig schreiben, aber von selecten Thematibus und diese pragmatisch abgehandelt, als viel und gelehrtes, aber ohnbrauchbares Zeug in die Welt hineinschreiben. Antiquitäten, jus naturae u. dgl. müßen eben die Proportion bey einer Schrift haben als das Gewürtz bey einer Speise z. E. zu soviel Pfund Fleisch etc. soviel Quint Saltz, Pfeffer etc.; so macht es die Speise wohlgeschmack; ist aber mehr Saltz und Pfeffer als Fleisch, ist es verkehrt und verdorben. 5) Mit denen Compendiis ist ja nicht zu eilen; lieber einige Jahre später und auserlesener. 6) Wo man etwas selectes zu denen Disciplinen antrifft, darinn man dociren oder schreiben will, muß es auf Zettel kurz und bloß remissive bemerckt und in guter Ordnung asserviret werden; so kann man, wenn man an die Elaboration kommt, mit halber Mühe arbeiten und oft Sachen bringen, worüber andere erstaunen, wo man alles hergebracht habe.

Aus dem Inhalt und vielleicht noch mehr aus der characteristischen und lebhaften Schreibweise des vorstehenden Gutachtens errieth Pütter seinen Verfasser. Es war kein Geringerer als Johann Jacob Moser. Hatte man ihn schon 1736 als einen Mann bezeichnet, der in jure publico wenig seines Gleichen habe, so war er jetzt unbestritten die erste Autorität auf dem Gebiete des deutschen Staatsrechts. Er hatte damals seine Ebersdorfer Zeit hinter sich, die er die vergnügteste seines ganzen Lebens nannte. Frei von amtlicher Thätigkeit, aber auch ohne alle Besoldung, hatte er acht Jahre (1739—1747) zur Abfassung seines Hauptwerkes, des deutschen Staatsrechts, angewandt, von dem in dieser Zeit der 4. bis 32. Theil fertig wurden. Ein so fleissiger Bücherschreiber Moser war, er war nichts weniger als ein Büchermensch. Er hatte im Leben gelernt, in den mannigfachsten praktischen Staatsgeschäften gearbeitet, bald in ständigen Bedienungen, bald nur vorübergehend zur Erledigung einzelner wichtiger Angelegenheiten herangezogen oder als Rath von Haus aus consultirt. In akademischen Aemtern hatte er nur kurze Zeit gestanden, eben herangewachsen kaum ein Jahr (1720) als Extraordinarius in Tübingen, später als Ordinarius 1729—1732 daselbst und 1736—1739 in Frankfurt a. O. Man merkt es seiner eigenen Erzählung an, wie wenig Freude ihm die Rückerinnerung an diese Jahre gewährte. Nicht dass er um dieser traurigen Erfahrungen willen das akademische Leben verschworen hätte, er gesteht vielmehr sich oft gesagt zu haben: wenn ich nach Halle oder Göttingen gekommen wäre, würde ich allda vielleicht brillirt haben. Münchhausen hat es denn auch an wiederholten Versuchen nicht fehlen lassen, Moser nach Göttingen zu ziehen, so schon zu Ende der dreissiger Jahre und, wie unten zu zeigen, noch späterhin. Gelang es nicht, seine Lehrkraft für Göttingen zu gewinnen, so hat Münchhausen sich doch seines Rathes bedient, in Staatsgeschäften wie in Universitätsangelegenheiten. Bei der Kaiserwahl des Jahres 1745, bei welcher Münchhausen als erster Wahlbotschafter Kurhannovers fungirte und den vielleicht erheblichsten Einfluss ausübte, stand ihm J. J. Moser zur Seite, der auch in seinem Auftrage dem neuerwählten Kaiser Franz I. in einer Denkschrift die Grundsätze des Rechts und der Klugheit darlegte, welche eine für den Herrscher wie für Deutschland glückliche Regierung zu sichern vermöchten. Anfang der vierziger Jahre hatte Moser auf Münchhausens Veranlassung einen „Entwurf einiger Anstalten zum Dienst junger Standespersonen, so sich denen Staatssachen widmen wollen", ausgearbeitet, der 1745 im Druck erschien und nach Mosers Angabe so gute Aufnahme fand, dass ihm die Ausführung desselben in Göttingen unter sehr günstigen Bedingungen angetragen ward; doch konnte Moser aus Gesundheits- und anderen Rücksichten sich nicht dazu entschliessen. Wenn Münchhausen jetzt auch ihn zum Gutachten aufforderte, so war zu gewärtigen, dass Moser an die in den letzten Jahren zwischen ihnen gepflogene Verhandlung wiederanknüpfen würde. Die durch Pütters Vorlage angeregte Debatte berührte zunächst nur Fragen wie: ob Compendium, ob Monographie? wie ist das jus Germanicum im akademischen Unterricht zu behandeln? in welchem Verhältniss stehen Staatsrecht und Geschichte zu einander? Moser spitzte schon sein Gutachten auf die Beantwortung der Frage zu: wie hat sich ein professor juris publici auszubilden? Wenn er der Debatte bald die weitere pädagogische Wendung gab: wie erlernt man das öffentliche Recht nicht bloss theoretisch, sondern auch praktisch? so konnte das nur der Absicht entsprechen, welche Münchhausen bei Uebersendung der Eingabe Pütters an Moser verfolgte.

Nachdem Pütter den Verfasser des dritten Gutachtens errathen, liess ihm Münchhausen mit dem nachstehenden Briefe zugleich das Begleitschreiben zugehen, mit dem Moser sein Votum überreicht hatte.

H. H., H. H. P. Nachdem Ew. Hochedelgeb. den Autorem des jüngst communicirten videtur selbst errathen, so will ich auch deßen Schreiben Ihnen nicht vorenthalten, indem ich weiß, daß Ew. H. nicht von denen seyn, welche anderer Leuthe judicia nicht wißen mögen, zumahlen ich weiß, daß er es nicht aus böser Meinung thut. Den Brief erbitte ich mir zurück und verbleibe Ew. H. ergebener Diener

Hannover, den 10. Febr. 1749.        Münchhausen.

Mit ausnehmenden Vergnügen befolge ich gehorsamst Ew. Exc. gnädige Befehle vom 9. und 10. dieses. Die Gedanken vom Justitzwesen habe ich ganz umgearbeitet und kurz gefaßt. Die gar geringe Arbeit dabey ist unzählich mahl voraus von E. E. remunerirt. Nur muß ich so frey sein, das Concept zu schicken, weil ich schlecht mit Copisten versehen bin, und bis jetzo noch immer etwas beygeflicket habe. Ich brauche es auch nicht wieder, sondern wünsche nur, daß es zu einigem Gebrauche und Nutzen pro publico seyn möge.

Nicht weniger lage meine ohnmasgebliche und mit Fleiß praecise auf die Person, wovon die Frage ist, gerichtete Gedanken wegen eines Professoris juris publici bey. Vielleicht goutiren E. E. selbige mehr als etwa Herr Prof. Pütter thun durffte als der wenigstens bis jetzo noch ein großer Liebhaber vom abstrackt denken und raisoniren ist, welche ingenia zu Behandlung des juris publici nicht eben die brauchbarsten sind. Folgt er aber, kann ein ganzer Mann aus ihm werden; denn er denckt und schreibt gut. Wenigstens kann E. E. gehorsamst versichern, daß ich mein Consilium nach besten Wissen und Gewißen abgefasset, auch darin sonderlich circa finem die Vortheile, deren ich mich mit größern Nutzen bediene, optima fide angezeigt. Kann in einem oder andern ich weitere Erleuterung geben oder E. E. sonst meine Devotion bezeigen, werde ich mich allezeit erfinden laßen

Ewr. Hochfreyherrl. [Exc.] unterthänigster Diener

Homburg bey Franckfurt, den 18. Janr. 1749.      J. J. Moser.

Mosers Gutachten veranlasste Pütter, dem Curator eine „nähere Erläuterung seines vorigen Planes" zu überreichen, welche wiederum zu Moser wanderte und von ihm aufs neue beantwortet wurde. So entspann sich eine indirekt geführte, durch die Person Münchhausens hindurch gehende Debatte zwischen dem in hohem Ansehen stehenden Reichspublicisten und dem um 24 Jahre jüngern Fachgenossen, der bestimmt war, sein ebenbürtiger Rivale zu werden. Die Verschiedenheit beider tritt in diesem Schriftenwechsel deutlich hervor; der jüngere begegnet dem älteren mit aller Ehrerbietung, aber er weiss doch seinen abweichenden Standpunkt fest und würdig zu wahren. So weist er in der nähern Erläuterung die Vermuthung zurück, als wolle er die Reichshistorie ex professo betreiben; nur ein jus publicum historicum beabsichtigt er, um jedes Reichsgesetz wie die goldene Bulle, den Westfälischen Frieden in seinem

Zusammenhange mit der zeitigen Staatsverfassung zu erkennen. Die neuere Historie zu bevorzugen entspricht ganz seiner eigenen Neigung. Des jus universale will er sich nur der nöthigen principiorum halber bedienen und überall den pragmatischen Endzweck vor Augen haben. Pütter geht dann auch auf die Frage des Compendienschreibens ein: ohne Noth und übereilt will er keine abfassen; zu den beiden bisherigen hat er sich nur aus Mangel an brauchbaren Hülfsmitteln verstanden. Den tabellarischen Vortrag entschuldigt er damit, dass er ursprünglich nur einen Abriss von wenig Bogen habe geben wollen. Uebrigens haben seine Zuhörer den Gebrauch des Buches nicht als unbequem empfunden und Nettelbladt in Halle hat darüber zu lesen angefangen. Moser beschränkte sich zunächst auf eine kurze Duplik, nahm dann aber die Debatte um so gründlicher auf.

> Bey Hrn. Prof. Pütters näheren Erläuterung Seines Plans habe ich nichts auszusetzen, nur ist zu wünschen, daß von hohen Orten, von dannen ein Wort bey Ihme nicht nur ob autoritatem gilt, sondern Ihme auch zur Ueberzeugung dient, daß es sich so verhalte, darüber gehalten werde, daß das necessarium utili, utili iucundo, praesens praeterito, id quod ante pedes est remoto u. s. w. vorgezogen werde, mithin aus einem, wann die behörigen Schrancken beobachtet werden, Jure publico historico nicht eine Historia Juris publici werde, sondern Jus Jus bleibe und die Historie nur als eine Zierrath, oder wo es nöthig ist, zur Erläuterung adhibiret werde, darinn es aber die Academici insgemein verfehlen und sich meist, so lang sie nicht selber in den Affairen gebraucht werden, nicht wollen bedeuten laßen, ob gleich zu ihrem eigenen Nachtheil, indeme ganz gewiß ist, daß je pragmatischer ein Professor Juris publici lieset und schreibet, um so mehreren Beyfall er finden wird.
>
> Daß Hr. Prof. Nettelbladt in Halle Hrn. Prof. Pütters Schreib-Art goutiret hat, ist kein Wunder, weil er selbst ein excessiver Liebhaber der so genannten strengen Lehr-Art ist, darüber aber seine eigene Schriften so unangenehm zu lesen werden und so excessiv mit weit herbey gehohlten Dingen angefüllet seynd, daß ich zweiflen muß: ob er jemahlen einen Stern der ersten Größe abgeben werde?
>
> Hoch- und Wohlgeb. Freyherr, Hochgebietender Hochgeneigtester Herr Geh. Rath und Großvogt. Ehe ich noch die Gnade hatte, Euer Exc. letzteres höchstvenerirliches und dessen liebey zurückgebenden Anschluß zu erhalten, hatte ich beede Anlagen entworfen. Nun bin ich zwar hernach selbst bedencklich darüber worden, ob ich mir bey meiner schwächlichen Constitution und andern Arbeiten nicht allzuviel auflädete, wenn ich auch noch dieses alles prästiren wollte, car c'est un mer à boire; und da Herr Prof. Achenwall meldet, daß sich zur Canzley-Praxi keine Liebhabern finden wollen (so sich doch bey mir anderwärts ganz anderst verhalten), kommt abermahls eine neue Bedencklichkeit hinzu. Indessen da diese Arbeit in so weit geschehen ist, bin ich doch so frey, Eurer Exc. dieselbe zu Dero erleuchteten Prüfung fürzulegen, der ich anbey mit geziemendem Respect bin
> 
> Eurer Hochfreyh. Exc. ganz gehorsamster Diener
>
> Homburg bey Franckfurt, den 14. März 1749.     J. J. Moser.
>
> Gehorsamstes pro memoria.
> Nachdem ich aus denen mir communicirten Aufsätzen derer beyden Herren Professorum Pütters und Achenwalls näher ersehen habe 1) wohin sich ihre Inclination erstrecke?

so dann 2) daß sie löblicher, aber unter Professoribus sehr seltener Maßen gut harmoniren und gemeinschaftlich das bonum publicum zu befördern und einander in die Hände zu arbeiten suchen, mir auch deren Fähigkeit aus Ihren Schriften ohnehin bekannt ist, bin ich auf die Gedancken gerathen und bei weiterem Nachsinnen je länger je mehr darin bestärcket worden, daß, wann sich noch ein dritter capabel- und comportabler Mann associirte und diese 3 Männer gemeinschaftlich und als ein einiges zusammenhangendes Werck, ja gleichsam als eine eigene Staats-Academie tractirten, mein vor etlichen Jahren gemachter und eines gnädigen Beyfalls gewürdigter Entwurf: wie junge Standes-Personen nach Göttingen gezogen und alda nebst andern zu Staats- und Cantzley-Geschäfften mehrere als sonst irgendwo in gantz Europa geschehen kann, präpariret werden können, sich gar leicht zur Execution bringen ließe und zwar dergestalt:

Herr Professor Pütter übernähme die Anleitung 1) zu der Teutschen Staats-Klugheit, 2) zum Verstand und Gebrauch der wichtigsten Stellen der Reichs-Grundgesetze, 3) zur Kenntnuß der neuern Comitial-Angelegenheiten, item 4) derer neuest- und wichtigsten Prätensionen und Streitigkeiten unter denen Ständen, so entweder nur extrajudicialiter getrieben werden, oder 5) an denen Reichs-Gerichten in Proceß verfangen seynd, 6) zu den Haupt-Grundsätzen des Processes derer Reichs-Gerichte, 7) zu dem Teutschen Ceremoniel, 8) zur Kenntnuß der jetzigen Situation der Teutschen großen Höfe und 9) zu nützlichen Reisen durch Teutschland.

Herr Professor Achenwall übernehme die Anleitung 1) zu der neuesten Europäischen Staats-Historie, 2) zur Kenntnuss der Grund-Gesetze der Europäischen Staaten und der zwischen ihnen obhandenen mancherley Tractaten, 3) zu dem neuesten Europäischen Völcker-Recht, 4) zu denen neuesten und wichtigsten unter ihnen obwaltenden Staats-Angelegenheiten, 5) zu ihren Grund-Staats-Maximen, 6) zu ihrer Kenntnuß in Ansehung ihrer off- und defensiven Force, wie auch 7) ihres Cammer- und Handlungs-Etats, 8) des Ceremoniels in Absicht auf alle Europäische Staaten, 9) der Kenntnuß der jetzigen Situation der Europäischen souverainen Höfe und 10) zu nutzlichen Reisen durch Europam.

Der dritte Professor endlich übernehme die Anweisung, den Mund und die Feder, 1) in ordinairen Cantzley-, 2) im Teutschen und 3) in Europäischen Staats-Sachen geschickt zu gebrauchen.

Wann jeder dieser Herren Professorum täglich nur eine Stunde dazu nehme, könnte der gantze Cursus alle Jahre von neuem angefangen und absolviret, auch die Zuhörer darinnen so weit gebracht werden, daß die, so gute Köpfe haben und fleißig seynd, sich alsdann selbst helfen können; die andere unfähiger oder unfleißigere aber möchten sich entweder noch besondere Anweisung geben laßen oder den Cursum noch einmal mitmachen.

Der Plan könnte dieser seyn:

| | 1te Claße. Hr. Prof. Pütter. | 2te Claße. Hr. Prof. Achenwall. | 3te Claße. Hr. Prof. — |
|---|---|---|---|
| 1ster Monath | Teutsche Staats-Klugheit. | Europ. Staats-Historie. | Generalia. |
| 2ter „ | Idem. | Europ. Grund-Gesetze u. Tractaten. | Idem. |
| 3ter „ | Idem. | Idem. | Cantzley-Sachen. |
| 4ter „ | Reichs-Grund-Gesetze. | Idem. | Idem. |
| 5ter „ | Comitialia. | Europ. Völcker-Recht. | Idem. |
| 6ter „ | Idem. | Idem. | Idem. |
| 7ter „ | Praetensiones. | Neu. Staats-Angel. | Idem. |
| 8ter „ | Idem. | Idem. | Idem. |
| 9ter „ | Wichtige Proceße. | Interesse u. Maximen. | Idem. |
| 10ter „ | Reichs-Proceß. | Force, Cammer- u. Handl. | Gesandtsch. u. d. gl. Sachen. |
| 11ter „ | Ceremoniel. | Ceremoniel. | Idem. |
| 12ter „ | Teutsche Höfe u. Reisen. | Eur. Höfe u. Reißen. | Idem. |

Wöchentlich bleibt in allen 3 Claßen eine Stunde zur Unterredung ausgesetzt.

Sollte es gn. befohlen werden, wollte ich den gantzen Plan innerhalb 2 Monathen auf die Weise, wie der von der Cantzley-Praxis ist, auch von allen übrigen Theilen, ausarbeyten, daß der völlige Umfang sowohl als auch die Wichtigkeit und der unausbleibliche ohnsägliche Nutzen dieses instituti bey denen, welche sich behörig appliciren, umständlich, ohnewidersprechlich und handgreiflich daraus in die Augen fallen mußte; welcher Plan so dann auf die von mir an Hand zu gebende besondere Weise überall zeitlich public gemacht werden könnte. 1) Wollte ich ferner auf Verlangen eben diesen Plan specialissime per omnes partes (wie mit dem 1. Capitel der Cantzley-Praxis geschehen) ausarbeyten, daß alle vorkommende Materien daraus ersehen und solcher Aufsatz denen Auditoribus communicirt und zum Grund des Collegii gelegt werden könnten, 2) wollte ich zum Privatgebrauch derer Herrn Docenten überall die fontes anzeigen, die sie zu consuliren hätten, 3) wollte ich ihnen meine von gantzen solchen Materien völlig fertig liegende Aufsätze in manuscripto communiciren, auch 4) zumal bey der Materie von der Teutschen Staats-Klugheit und dem Gebrauch des Mundes und der Feder das, was sich nicht aus Büchern erlernen läßt, münd- oder schriftlich suppediren, nicht weniger 5) was ich Jahr aus und ein noch weiter zu diesem Instituto dienliches sammeln könnte oder ohngefähr antreffen würde, jedem jährlich getreulich communiciren, 6) wollte ich eine mündliche Abrede mit denen Herren Docenten nehmen und darinnen vollends alles adjoustiren, daß auf nächsten Herbst oder doch Ostern 1750 der erste Cursus angefangen und ohne Anstand fortgesetzt werden könnte, 7) wollte ich, wann es begehret und dafür gehalten würde, daß es etwas zur Aufnahme des Instituti beytragen könnte, geschehen laßen, daß meiner in dem public zu machenden Avertissement als eines Mit-Arbeyters von Hauß aus gedacht würde.

Man ließe zwar jedem Auditori frey, ob er nur eine oder zwey oder alle 3 Claßen besuchen wollte? Doch würden alle 3 Herren Docenten einander auf alle Weiße darzu behülflich seyn, daß so viel thunlich jeder den gantzen Cursum hören möge.

Das Honorarium auf das gantze Jahr wäre also zu setzen: bey einem bürgerlichen Stande für eine Classe 12 Thlr., für zwey 24 Thlr., für den gantzen Cursum 36 Thlr.; bey einem Edelmann jede Claße 25 Thlr., bey einem Grafen (dem ein Hofmeister frey mit paßiret) 50 Thlr. und bey einem Printzen (dem ein Hofmeister und Cavalier frey paßirte) 100 Thlr.

Ich werde mich schwerlich betrügen, wann ich glaube, 1) das Institutum sollte großen Beyfall finden und in wenig Jahren mehr als irgend etwas anders Standes-Personen von allerley Art und Nationen nach Göttingen ziehen, 2) die Herren Docenten würden dabey ungleich mehr verdienen als bey allem, was sie sonst lesen würden, 3) andere, die es etwan anderwärts nachmachen wollten, würden doch wohl Göttingen hierinnen den Vorzug allezeit laßen müßen, so lange die Herren Docenten einig und fleißig wären, pragmatisch läsen und dißfalls dem guten Rath solcher Personen folgen, welche wißen, was theils dem genio seculi, zumal derer Ministrorum und Standes-Personen gemäß, theils in öffentlichen, zumalen Staats-Bedienungen mehr oder weniger brauchbar ist.

Hochedler hochgelahrter, hochgeehrter Herr Professor. Die hiebei kommende Sachen gehören zu dem letz übersandten. Von des Hrn. Geh. R. Mosers Plan verspreche ich mir nichts sonderliches. Er will gerne statum in statu, academiam in academia formiren, welches sehr bedencklich und mißlich ist. Es heißet aber auch hier: omnia probate et meliora retinete. Ich bin abstets Ew. Hochedelgeb. ergebenster Diener

Hannover, den 26. Martii 1749.   Münchhausen.

(Am Rande): Es erfolget heute der XIII<sup>te</sup> Band Miscellan. und ich werde davon die 4 folgende übersenden, alsdann auch den Zettel, um den Empfang zu notiren.

In diesem Urtheil über Mosers Vorschlag begegneten sich Pütter und Achenwall mit dem Minister. In ihren „unmassgeblichen Gedanken" vom 27. März 1749 erklären sie sich jedoch bereit, alle gewünschten Lehrgegenstände zu übernehmen und, da ausser ihnen Gebauer, Schmauss und Köhler eine Anzahl der von Moser bezeichneten Materien bereits in ihren Vorlesungen behandeln, so halten sie die Anstellung eines neuen Lehrers nicht für erforderlich; „wenn zumal in Einrichtung der collegiorum sich einer nach dem andern richtet, wie dann wir wenigstens allezeit möglichst thun werden, so kann es nicht fehlen, dass nicht ein jeder, der herkommt, um zu Staatssachen vorbereitet zu werden, das nöthigste alle halbe Jahre und alles wenigstens jedes Jahr hören" könne. Dieser Ansicht stimmte Moser keineswegs zu. „Es gehet mir eben" — schrieb er am 7. April an Münchhausen — „mit denen beyden guten Herren Professoribus, wie es mir bißher so oft auch mit denen geschicktesten Academicis ergangen ist: sie wißen der (so zu sagen) Theoriae practicae oder immediaten Anleitung zur Praxi extrajudiciali et publicae keinen rechten Geschmack abzugewinnen, noch in pragmatische Ideen tieff genug zu entriren, dahero in solchen Stücken auch eher mit einem andern mittelmäßigen Mann etwas auszurichten ist." Der Brief ist von einem Memoire begleitet, worin Moser nochmals ausführlich seine Gedanken aus einander setzt, weil er Pütter und Achenwall die Fähigkeit nachrühmt, sich etwas sagen zu lassen, anstatt wie andere qui nimium sciunt se scire zu glauben, dass sie schon alles ausgelernt und übersehen haben. Zunächst scheinen ihm beide sein point de vue noch nicht recht gefasst zu haben, denn sein Absehen gehe theils auf Leute, die in Kanzleien, theils auf Standespersonen, die in Regierungssachen, Gesandtschaften u. dgl. gebraucht werden sollen. Nach seiner Erfahrung könne man auf der Universität sehr wohl das Seinige gethan, ja auch wohl schon einen Professorem und zwar cum laude agiret haben und dennoch, wenn man in eine Kanzlei gelange, sich wie in eine neue Welt versetzt vorkommen. In sg. collegiis practicis könne man zur Noth von dem, was in einem Justizcollegium oder für einen Beamten oder Advocaten zu wissen nöthig ist, einen praegustum bekommen; aber einen Vorgeschmack zu geben, wie die Sachen in einem Geheimen Raths-, Regierungs-, Kammer- oder andern solchen Collegio, bei Land- oder kayserlichen Commissionen, Conferentzien u. dgl. tractiret werden, sei unter 500 Professoribus juris nicht einer im Stande. Die Practiker selbst haben weder Zeit noch Lust zu solchen Unterweisungen. Er selbst hat, als er wieder von Kanzleien zur Universität gekommen, Anleitung zur Kanzleipraxis gegeben, nicht nur jedesmal genugsam Zuhörer gefunden, sondern auch die Erfahrung gemacht, dass Leute von mediocren Studiis und Gaben dadurch in den Stand gesetzt wurden in suo genere zu brilliren. Die die zweite Classe von Personen betreffenden Bemerkungen verdienen wörtliche Mittheilung:

> Ich sahe in Wien, wie begierig junge Reichs-Hof-Räthe von der Herren-Banck und Kayserlicher Ministrorum etc. Söhne, die nun in Gesandtschaften etc. gebraucht werden sollten, waren, jemand zu erfahren, der sie hierinn nur einigermaßen zustutzen konnte und wie excessiv sie solches gerne bezahlten. Ferner kame a° 1731 ein aufgeweckter junger Schweitzer aus einer der angesehensten Familien zu Bern, von Tillier, an mich und stellte mir für: er sollte nun bald wieder nach Hause und zu denen Staats-Affairen von Europa nachgetzogen werden; nun habe er zwar collegia juris naturae et gentium über den Grotium und Pufendorff gehört und wiße sich, wo es auf ein Raisonnement ankäme, oder was zu der Griechen und Römer Zeiten juris gentium gewesen seye, wohl zu helffen; er habe aber nichts von dem gehört, was observantiae inter gentes Europae modernas anlange; ich möchte ihme also darin Anleitung geben. Ich fande, daß er Recht hatte, fande selbst einen Geschmack daran und hatte bald einen Grundriß der Materien gemacht, sahe aber wohl, wie schwer es seye, selbigen zu exequiren, zumahlen da ich pro pane viel anderes darneben tractiren mußte. Ich wagte es aber doch, und meine erste Probe (an welcher ich jetzo selbst vieles verbeßern würde) wurde so wohl aufgenommen, daß Herr Bülfinger sie nach Petersburg an den Herrn Grafen von Ostermann sandte und selbige allda zum Dienst einiger der fürnehmsten Rußischen jungen Standespersonen ins Französische übersetzet wurde. Ich wurde nachhero durch Hr. G. R. Glafey, der auch etwas von dem Nutzen der Weise, das jus gentium solchergestalt zu tractiren eingesehen hat, in der neuen Edition seines Natur- und Völcker-Rechts aufgefordert, ein pragmatisches modernes Völcker-Recht zu schreiben und die Vorrede zu meinen Anmerkungen über den Belgradischen Friedens-Tractat, welche einen Echantillon davon enthielte, fande Beyfall; ich mußte ferner vor den jetzigen König in Dänemarck, als er noch Cron-Printz war, einen Aufsatz von Europäischen Staats-Sachen machen, der mir auch wohl bezahlet wurde. Aus allem diesem und als ich bei bekannten großen Gelegenheiten sahe, wie große Männer, welche keine systematische Principia in solchen Dingen haben, offt so übel daran seynd, wurde ich je länger je mehr überzeugt, daß auch dieses eine für das Publikum nöthige und für den Docenten rühmlich- und profitable Arbeit wäre.

Bei beiden Classen von Personen denkt Moser an solche, die die Theorie bereits absolvirt haben oder für die es zu spät ist, sich noch mit solcher zu befassen. Mit beiden ist bloss pragmatisch zu verfahren. Sie zu belehren, erfordert totum hominem, ist eine eigene Disciplin, die nicht neben den theoretischen Collegien abgethan werden kann. Seine Defideria sind deshalb durch die Bereitschaft Pütters, Achenwalls und anderer zu den aufgezählten Vorlesungen in keiner Weise erschöpft. Die Kenntniss dieser Vorlesungen setzt er voraus, wie bei einer sectione anatomiam praesupponirt werde. Er führt als Beispiel zwei junge Leute an, die in Göttingen studirt haben, und nun, wo sie in seine Kanzlei zu Homburg gekommen sind, des ABC oder der prima elementa des modi agendi in extrajudicialibus unkundig sind, und seinen Sohn, den Secretarium, flehentlich um einige Anweisung angehen. Was Moser alles unter praktischer Einführung in die Geschäfte begreift, zeigt die Bemerkung, welche er gegen Achenwall richtet: „Herr Prof. Achenwall liset über die Notitz derer Europäisch- und Teutschen Staaten. Lernet aber einer seiner Zuhörer bey ihme von dem personellen Charakter derer Regenten, von den fürnehmsten Ministris und deren verschiedenen Departements, auch deren personellen Character etc. so vil, daß, wann er an einen solchen Hof köme, daran zu negotiiren, er sich gleich an das rechte Ort zu addressiren wüßte und einen Vorgeschmack davon hätte, wie er den Ministre, mit dem er es zu thun hat, z. E. den Reichs-Vice-Cantzler, Reichs-Hof-Raths-Präsidenten, Hr. v. Bartenstein anzusehen und zu tractiren habe? Vix credo." Wenn man auch in Publico überzeugt sein mag, daß man in Göttingen fleißigere und habilere Professores finde als anderswo, daß dort etwas anderes und mehreres dociret werde als auf andern Universitäten auch, ist nicht zu erweisen. Die Errichtung einer Anstalt, um Leute, welche den gewöhnlichten cursum academicum absolvirt haben oder die eben nicht gesonnen sind, ordentlich zu studiren, immediate et unice zu den Affairen selbst anzuführen und ihnen von den Kanzlei- und Staats-Sachen nicht nur einen nähern Vorgeschmack zu geben, sondern auch würckliche Proben davon unter die Hände zu bringen, das würde die Leute reitzen und nach Göttingen hinziehen. Der Schluss seines Promemoria zeigt, wie wenig Hoffnung er auf diese Verwirklichung seines Planes setzt:

„Es ist übrigens wohl wahr, daß ich glaube, eine solche Anstalt schickte sich beßer an einen Ort, wo eine Cantzley oder Hof ist z. E. nach Hannover als nach Göttingen 1) weil auf Universitäten die jalousie gegen die, so von dem gemeinen Schlendrian abgehen, gar zu groß ist und denen Docenten vilen Verdruß verursacht, 2) weil man mehr viva exempla für sich hätte und denen Auditoribus manche nützliche Gelegenheit verschaffen könnte, etwas zu sehen und zu lernen, welche auf Universitäten manquirt, zumahlen wann denen Docenten unter gewissen Cautelen einiger Acceß in ein oder ander Collegium gestattet würde, 3) weil sodann die Auditores sich nicht mehr denen studiosis academicis gleich tractiren lassen dörfften, mithin Leute, so schon den cursum academicum absolvirt oder auf Reisen gewesen oder wohl gar in loco oder anderwärts in Aemtern stehen, um so weniger Bedencken tragen würden, davon zu profitiren. Indessen sehe ich doch auch nicht, warum es mit einer Universität und in specie mit Göttingen incompatibel seyn sollte? Wo in einem corpore 4 Facultäten als corpora minora seynd oder wie in einer Cantzley 4 Collegia seyn können, warum kan nicht auch ein 5tes darinn seyn? wiewohl auch nicht nöthig wäre, zumahlen gleich anfangs, quasi ein separates Corpus zu formiren; ein anderes ist, ein gemeinschaftliches Concert zu nehmen, gewisse Collegia conjunctim zu halten, ein anderes ein separates Corpus abgeben. Von dem ordinairen tramite auf Universitäten aber in etwas abzuweichen, um die Defectus derselben einigermaßen zu suppliren, dürfte wohl noch weniger

Bedenklichkeit haben, au contraire eben den Ruhm der Universität befördern. Was hat Halle empor gebracht, als daß die Theologi, Jurisconsulti, Medici et Philosophi gantz einen anderen als den darumahl überall üblich gewesten Weg eingeschlagen, den alten Schlender verlassen und die Disciplinen in manchem auf einen pragmatischeren Fuß zu tractiren angefangen haben? Was bringt dem Carolino zu Wolfenbüttel vor anderen dergleichen Anstalten so großen Zulauff, als daß man in vilem von der ordinairen Lehr-Art der Gymnasien und Academien abgewichen ist und die alumnos den nächsten Weg in das einzuleiten sucht, was sie der Republic zu nützlichen Männern machen und ihnen künftig in allerley Lebens-Arten deren Anfang erleichtern kan?"

Eine weitere Discussion erschien überflüssig. Moser kam zu der Einsicht, dass je näher es ad specialia gehe, je undisponirter seien die beiden Professoren in seine vues zu entriren. Ebenso räumten auch Pütter und Achenwall dem Minister ein, dass Mosers Absichten sich durch ihre Vorschläge nicht erreichen liessen und sie selbst ausser Stande sein würden, deren Verwirklichung herbeizuführen; ihre Bemühung würde allenfalls die Theorie von der Praxis so zu reden ausmachen, nicht mehr. Zur Durchführung des Moserschen Projectes bedürfe es eines Mannes, der schon in einer Kanzlei gesessen habe und noch Lust und Fähigkeit besitze, auf Universitäten einen Docenten in lauter practischen Sachen abzugeben. Vielleicht wisse Moser selbst zu einem solchen Rath. In einem Privatbriefe an den Minister äusserte Pütter die Vermuthung, Moser wolle seinen Sohn Friedrich Karl zu solcher Stellung empfehlen. Diese Ansicht theilte Münchhausen nicht; den Plan Mosers hielt er in dem projectirten Masse für unausführbar, nahm dagegen die schon früher von ihm selbst angeregte Idee auf, in den bescheidnern Grenzen eines practicum juris publici eine Ausführung zu versuchen.

Hochedelg. Hr. Hochgeehrt. Hr. Prof.. Ew. Hochedelgeb. dancke ich vor den übersandten Tractat vom Reichs-Hoffrath, und ich zweifele nicht, es werde solches Beyfall finden, auch daraus mit der Zeit ein größeres Werck erwachsen. Der Herr Moser bleibet bey seiner Meinung, und nach seiner Gesinnung wird schwerlich nichts von ihm zu hoffen seyn, So wenig practicable sein Vorschlag in dem universo ist, so thunlich mögte es seyn, ein collegium practicum in Ansehung des juris publici zu lesen und etwa gegen Michaelis oder noch eher die eigentliche Absicht mittelst eines Programmatis kund zu machen. In Fabri Staats-Cantzellei und Lünigs Brieffen findet sich Anleitung genug zu dem Cantzelley Stylo. Sie haben auch zwey Tomos von nicht übel ausgearbeiteten Regensburger Relationen, so der sel. Herr von Stein als Wolffenbl. Gesandter gemachet, bey sich. Ich will auch noch ein Mehreres communiciren. Es käme also darauf an, ob Ew. Hochedelgeb. nebest Herrn Achenwall ein Project von einem solchen Programmate machen und mir es zusenden wolten, um des Heren Mosers Gedancken darüber zu erbitten. Ich bin mit aller Hochachtung

Hannover, den 13. April 1749.  Ew. Hochedelgeb. Ergebenster Diener
Münchhausen.

> Hochedelgeb. Hochgeehrter Hr. Prof. Es ist mir sehr lieb und meiner Absicht völlig gemäß, daß Ew. Hochedelgeb. das Institutum eines Collegii practici mittelst eines Programmatis kund machen wollen, köndte solches in Monath Julio elaboriret und mir in Manuscripto zugesant werden, so wäre es nicht undienlich, wenn anders Ew. Hochedelgeb. dabey nichts zu erinnere finden, den Herrn Moser darüber zu consultiren. Ich muß den 3ten May wegen meines schadhafften Beines eine Reise nach Achen vornehmen, worüber wohl ein 7 Wochen hingehen werden, dadurch wird unsere Correspondenz etwas unterbrochen werden. Solte jedoch etwas eiliges vorfallen, so laße ich mir die Briefe von hier aus nachschicken. Ew. Hochedelgeb. können sich immittelst mit denen Miscellaneis occupiren und unter andern auch darinne nebest dem Herrn Achenwall Materialien zu einem zu haltenden Collegio über die Capitulatio novissima finden, wenn Sie zumahlen die auf dortiger Bibliothek vorhandene gedruckte Protocolle von der letzten Wahl, die sehr curieux sind, zu Hülfe nehmen. Wenn ich mit Gottes Hülfe wieder komme, so will ich noch mit mehrern andienen, alstets verbleibend Ew. Hochedelgeb. ergebener Diener
> Hannover, den 20. April 1749.    Münchhausen.

Hatte die Correspondenz in Folge von Münchhausens Badereise eine Zeitlang geruht, so wurde sie durch das folgende Schreiben J. J. Mosers wieder in Gang gebracht. Es zeigt, dass er den Göttinger Bedenken gegenüber selbst vom Rath zur That übergegangen war. Wie das Datum dieses und der spätern Briefe ergiebt, hatte er zugleich seinen Wohnsitz gewechselt. Seine Thätigkeit als Geheimer Rath und Chef der Kanzlei des Landgrafen Friedrich Carl von Hessen-Homburg hatte nach etwa einjähriger Dauer ihr Ende gefunden, weil der Fürst sich mit seinen Grundsätzen über Finanz- und Regierungswesen „nicht aus einigem Mißtrauen, sondern aus der verschiedenen Art des Gedenkens derer Menschen her" nicht zu befreunden vermochte. Mit Ende 1748 wie schon wiederholt in die Stille des Privatlebens zurückgekehrt, hatte er, nach einem neuen Wohnsitze suchend, zunächst noch sein Domicil in Homburg beibehalten und es im Sommer 1749 mit Hanau vertauscht.

> Hoch- und Wohlgebohrener Freyherr, Hochgebietend- Hochgeneigtester Herr Geheimer Rath und Groß-Vogt. Meine oeconomische Umstände haben mir die Resolution abgenöthiget, den gehorsamsten Anschluß bekannt werden und es auf die Probe ankommen zu laßen: wie diese Sache von dem Publico aufgenommen werde? Villeicht kan dises par bricol noch der Weg seyn, daß mit der Zeit in Göttingen deßgleichen zu Stande kommt; wenigstens werde ich nicht nur darinn gar nicht hinderlich seyn, sondern auch, im Fall Euer Excellentz jemand anhero senden sollten, demselben mit aller Aufrichtigkeit und Treue in allem an die Hand gehen; gleichwie hingegen von Euer Excellentz ich mir gehorsamst verspreche, daß, in so ferne dieses Institutum der Universität Göttingen ohnnachtheilig ist, Hoch-Dieselbe deßen bei Gelegenheit in Gnaden zu gedencken geruhen werden. Zu der gebrauchten Baade-Cur aber wünsche respectnosest Göttliches Gedeyhen und daß selbige zu einer dauerhafften Gesundheit ausschlagen möge; damit in lebenswühriger Devotion beharrender
> Euer Hochfreyherrlichen Excellentz ganz gehorsamster Diener
> Hanau, den 26. Juni 1749.    J. J. Moser.

Dem Schreiben war eine Druckschrift unter dem Titel beigefügt: Entwurff einer Staats- und Cantzley-Academie oder einer nähern Anleitung und Zubereitung junger von Universitäten oder Reisen kommender Printzen, Grafen, Cavaliers und anderer Personen zu der Europäischen, besonders der Teutschen Staats-Klugheit, zu dem jetzt-üblichen Europäischen Völcker-Recht in Fridens- und Kriegs-Zeiten, zu denen neuesten Europäischen, besonders denen Teutschen comitial- judicial- und extrajudicialen Staats-Angelegenheiten und Streitigkeiten, zu allen Arten von Staats- und Cantzley-Aufsätzen und zu der in einem wohlgeordneten Cantzley-Collegio, auch bey Congressen, Conferentien u. w. üblichen Handels-Weise. Dieser ausführliche Titel giebt schon zu erkennen, worauf es bei der in Hanau zum Herbst 1749 zu eröffnenden Academie abgesehen war. Das Programm selbst legt dann in Gedanken und Wendungen, die aus dem mit Münchhausen geführten Briefwechsel bekannt sind, die Zwecke des Instituts specieller dar und giebt in einer Beilage einen vollständigen Grundriss der Materien, welche in den drei Classen der neuen Staatsakademie abgehandelt werden sollen. Der Schritt Mosers gab Pütter die Veranlassung, im Catalogus praelectionum für den Winter 1749/50 anzukündigen, er werde nicht nur den Reichsprozess vortragen, sondern damit alia praxeos juris publici capita im Anschluss an die von ihm eben ausgegebene „Vorbereitung zu einem collegio practico juris publici" verbinden. Unter den Gründen, auf welche das Programm den bisherigen Mangel einer solchen Vorlesung an deutschen Universitäten zurückführte, war neben der Unbekanntschaft der meisten Docenten mit der Praxis des Staatsrechts der Umstand geltend gemacht, dass viele dahin gehörige Handlungen gar nicht in Regeln zu fassen seien. Pütter meinte, über diesen Umstand helfe für die Praxis des d e u t s c h e n Staatsrechts die so eingeschränkte Regierung der deutschen Länder und des Reiches hinweg, welche eine gewisse Art in den vornehmsten Staatsgeschäften zu Werke zu gehen ganz genau bestimme. Er kann damit kaum etwas anderes im Sinne gehabt haben als die gesetzlichen Formen, in welchen sich die politischen Akte vielfach bewegten, das nach dem Muster des Prozesses sich vollziehende Verfahren der Regierungen unter einander, mit ihren Landständen oder anderen Corporationen. Mosers Vorschläge hatten aber zugleich auf die Praxis in Verwaltungsgeschäften und die Staatsklugheit gezielt, und diese nicht in feste Regeln fassbaren Gegenstände übergeht Pütter ganz in seiner Ankündigung. Die practische Wissenschaft, die er zu lehren verspricht, soll vom Ceremoniell, von Gesandtschaften, Archiven, Deductionen u. dgl. handeln, zur Erläuterung auserlesene Muster von Staatsschreiben, Berichten, Instructionen anführen, von den vornehmsten zumal neuern causis illustribus Begriff und Geschichte mittheilen und die Zuhörer zu entsprechenden Ausarbeitungen anleiten. Auf Pütters Programm, dessen handschriftlichen Entwurf Münchhausen Moser zugehen liess, bezieht sich der folgende Brief.

[Anrede wie vorher.] Allerdings ist Hr. Prof. Pütter in dem gehorsamst hiebey zurücksendenden Aufsatz meinem Plan mercklich näher gekommen. Uebrigens werden Ew. Exc. aus dem jüngst gehorsamst übersandten ersehen: worinn wir annoch differiren? Es wäre aber für mich seltsam und an einen so capablen Mann, als Hr. Prof. Pütter ist, eine allzusclavische Forderung, wann ich verlangen wollte, daß Er praecise in allem quoad realia et formam dencken solle, wie ich. Ich habe dahero auch an Seinem Aufsatz nichts mit Raison auszusetzen, als daß ich glaube, fol. 1 lin. ult. seye die Staats-Praxis vil zu eng gefaßt, maßen es nicht allemahl nur Regenten und Unterthanen (welcher Terminus ohnehin auch auf die Reichs-Stände ohnschicklich ist,) sondern vilfältig Reichs-Stände mit Reichs-Ständen, Reichs-Gerichten oder Auswärtigen, Reichs-Gerichte mit Reichs-Gerichten u. s. w. zu thun haben. Ich wünsche übrigens Hrn. Prof. Pütter vil Glück zu Seinem Vorhaben: wir stehen einander nicht im Weg und der liebe Gott hat Brodt für uns beyde und noch für mehrere. Unter Euer Excellentz gütigen und Ihme Selbst am profitabelsten ferneren Anleitung wird dieser Mann eine Zierde der Academie zu Göttingen und ein nützlicherer Docent werden als 100 andere. Unter meiner geziemenden respectuosesten Empfehlung bin ich mit aller Devotion Ew. Exc. ganz gehorsamster Diener

Hanau, den 5. Juli 1749. J. J. Moser.

Ziemlich gleichzeitig erfolgte die Eröffnung der Staatsakademie Mosers in Hanau und des Pütterschen Practicum juris publici oder Institutum, wie Münchhausen gern sagte, in Göttingen. Beide Unternehmungen interessirten ihn aufs lebhafteste. In einem besondern Briefe fragte er bei Pütter an, ob und wie das Collegium zu Stande gekommen sei. Pütter konnte ihm 13 Theilnehmer, darunter vier Grafen, melden; im nächsten Sommer stieg die Zahl auf 20 Mitglieder. Eine Zeitlang scheint daran gedacht zu sein, Schmauss, der früher selbst über die Kanzleipraxis gelesen hatte, zur Leitung mit heranzuziehen; Münchhausen hatte Pütter ersucht, Schmauss in Ansehung des Instituts in guter Disposition zu erhalten und sich mit ihm disfalls zu concertiren; wie ein unten folgender Brief zeigt, ist der Gedanke bald fallen gelassen. Schon bei der Anzeige von Pütters „Vorbereitung" hatten die Göttingischen Zeitungen von Gelehrten Sachen gemeint, die Schwierigkeiten, welche sich sonst auf Universitäten wegen abgehender Nachrichten und Hülfsmittel der Praxis des deutschen Staatsrechts entgegenstellten, würden in Göttingen nicht eintreten.

Münchhausen hat es denn auch an der Unterstützung des Instituts durch Mittheilung von Staatsakten nicht fehlen lassen; musste auch die Herkunft verschwiegen bleiben, so wusste doch jeder, woher sie stammten. Mochte man in Göttingen nicht frei von einer gewissen Eifersucht auf Hanau blicken, Münchhausen blieb jeder Gedanke daran fern. Er interessirte sich für Mosers Akademie nicht bloss, weil er ein Concurrenzunternehmen darin sah. Diese neue Form des Unterrichts erschien ihm offenbar sehr beachtenswerth. Als er von einem Hofrath Westen in Bamberg hörte, der sich mit der Unterrichtung junger Cavaliere in den practischen Staatswissenschaften beschäftige, suchte er sofort genaue Auskunft darüber zu erlangen. Nach Göttingen liess er wiederholt die Mahnung ergehen, wenn man in Druckschriften der Moserschen Akademie gedenke, es nur honorifice zu thun. Nicht zufrieden mit den gedruckten Berichten, die ihm Moser in den Aushängebogen übersandte, hatte er, wie die folgenden Briefe zeigen, noch detaillirtere Mittheilungen zu erhalten gewünscht.

[Anrede wie oben.] Euer Exc. sehr gnädiges vom 8ten dieses habe mit geziemendem Respect erhalten und übersende zu deßen gehorsamer Befolgung die fernerweit fertig gewordene Bogen. Mit Nachschreibung des Discurses ist es für dieses halbe Jahr eine pure Unmöglichkeit, weil kein darzu tüchtiges Subjectum vorhanden ist und wann nicht alles verbotenus nachgeschrieben würde, dörffte, wie es mir auch bey denen capabelsten Auditoribus, so einzeln nachgeschrieben haben, ergangen ist, offt seltsam Zeug herauskommen, geschweige was ganzes. Euer Excellentz geruhen aber nur, mir dises erste halbe Jahr Zeit zu laßen, mich völlig einzurichten: Omne principium grave. Meine dermahlige Auditores seynd: 1) Baron de la Roche, 2) und 3) zwey von Lilienstern, 4) von Savigny, 5) Gullmann, 6) Leisler, 7) Hermann, 8) Lumscher und 9) mein zweyter Sohn. Die Leute seynd durch vile (villeicht à deßein) ausgesprengte falsche Gerüchte, daß aus der Sache nichts werden würde, irre gemacht worden. Doch solle noch 1 von Buirette, 1 von Hase und villeicht mehrere, nachkommen; auf das Frühjahr aber sollen zum 2ten Cursu, so vil ich voraus weiß, 1 Baron von Seckendorff, 1 von Franckenberg, 1 Hr. Cantzl. v. Benzels Sohn, 1 Haße u. s. w. kommen. Der Cursus währt täglich 3 Stund 1 halb Jahr. Dermahlen habe, aus Ermanglung eines Fundi niemand als meinen Sohn; sobald aber entweder der Herr Landgraf etwas beständiges darzu aussetzen, oder sich das Werck völlig faßt, wird Hr. Professor Iber bey hiesigem Gymnasio Academico, der bey dem holländischen Gesandten zu Berlin gestanden, auch in Holland und England etc. gewesen ist, die Claß des Juris Gentium unter mir übernehmen. Dermahlen hat er bey dem Gymnasio 600 fl. Besoldung. Mein Sohn aber hat von mir jährlich 500 fl., so ich ihme aus dem eingehenden Honorario reiche. Außer einem großen Haus genieße ich von Serenissimo nichts; Sie wollen aber Dero Versprechen nach, das Werck, wann es reüssire, soutenieren. Wohlfeil ist es hier nicht. Ich lebe mit meinen 7 meist erwachsenen Kindern, so ich ohne meinen ältesten Sohn noch über meinem Brodt habe, möglichst genau, halte keinen Bedienten etc. und brauche doch jährlich 1000 Thl. Ich habe bißher 110 fl. Hauszins gegeben und nicht einmahl eine Stube, einen Fremden zu logiren oder nur hineinzuführen; ich brauche für 100 fl. Holts u. s. w. Uebrigens aber kan ich vollkommen à mon aise leben, niemand redet mir nichts ein, niemand ist über mein Institutum jaloux, au contraire, es freuet sich jedermann darüber und hoffet, es solle der nahrungslosen Statt successive zu einigem Aufnehmen gereichen und ich finde je länger je mehr, daß die hiesige Gegend ganz wohl dazu gelegen ist. Ich bin mit lebenswührigem Respect Ew. Exc. ganz gehorsamster Diener

Hanau, den 14. November 1749. J. J. Moser.

Man sieht, Münchhausen hatte gewünscht, den mündlichen Vortrag nachgeschrieben zu erhalten. Zur Ergänzung des vorstehenden Berichts dient ein von einem Theilnehmer der Akademie herrührender Brief vom 17. November 1749, der sich in unserer Sammlung ohne Namensunterschrift und Adresse befindet. Die Collegia, heisst es darin, sind seit 14 Tagen in Gang, doch zweifelt der Schreiber nicht, dass sie der Geheime Rath bei seinem Fleisse in einem halben Jahre, wie er versprochen, zu Ende bringen werde. Moser selbst ist bei allen Lectionen gegenwärtig, auch bei denen seines Sohnes und setzt, wenn dieser einen Paragraphum explicirt, seine Anmerkungen hinzu. Aus den Gegenständen des Unterrichts hebt der Berichterstatter hervor, es werde die Beschaffenheit der verschiedenen Höfe von Europa und Teutschland, der grossen Herren Fait und Faible, wie auch wodurch bei ihren Ministris etwas am besten durchzutreiben mit dem schuldigen Respect angezeigt. — Die Anstalt muss doch einen verhältnissmässig guten Fortgang genommen haben, da Moser im Stande war, zum Herbst 1750 einen dritten Lehrer anzustellen. Er wählte dazu einen Göttinger, Ludw. Mart. Kahle, der seit 1737 Ordinarius in der philosophischen Facultät, nachher in die juristische übergegangen war und gleichzeitig mit Pütter sein Amt als Extraordinarius angetreten hatte. Man machte auch den Versuch, Mosers Anstalt nach auswärts zu ziehen: so nach Marburg, wie Moser selbst erzählt. Dass Münchhausen aber ihn auch verschiedentlich in dieser Zeit sondirt, ob er nicht für Göttingen zu gewinnen sei, erfährt man erst aus dem zweiten der nachstehenden Briefe an Pütter.

[Anrede wie oben.] Zu der vorhabenden Reise wünsche ich viel Glück und Vergnügen und finde meines Ohrts dabey nichts zu erinnern. Den Herrn Schmauß werden Sie nicht in party bei Dero instituto ziehen, und ist also am besten, von aller Communication mit ihm zu abstrahiren. Weder Dero noch meine Meinung ist auch dahin gerichtet, die mindeste Jalousie gegen den Herrn Moser zu zeigen, am wenigsten denselben zu disgustiren, sondern man will nur in Göttingen ein fast gleiches Etablissement haben, wenn es auch gleich in Anfang haud passibus aequis geschehen solte. Vielleicht arbeiten Ew. H. Dero Grundriß erst in künftigem Sommer aus, wenn Sie dieses Collegium practicum noch einmahl halten. Docendo discimus et dies diem docet. Ich verbleibe alstets Ew. H. ergebener Diener

Hannover, den 14. Dec. 1749. Münchhausen.

[Anrede wie oben.] Bereits vor einiger Zeit habe ich den Hrn. Moser über denselbigen Vorschlag sondiret, dessen Ew. H. in Dero geehrten letzten vom 26. dieses gedencken, den er aber gäntzlich von sich gewiesen, ob ich ihn gleich versichert, daß er qua privatus sine omni functione in Göttingen leben solle. Man muß nun sehen, ob Herr Hofrath Falcke ein beßeres Tempo bey ihm findet. Das Schlimste bey diesem Manne ist seine variable Gesinnung und Unzufriedenheit und mehr als pietistische Gesinnung in Religions-Sachen, darin er weiter gehet, als es billich ist. Est et datur nimium in pietate. Mit einem heute abgehenden Bücherkasten vor die Bibliothec erhalten Ew. H. ein volumen von miscellaneis juridicis, so ich mir aber nach vier biß höchstens 6 Wochen wieder ausbitte. Ich verbleibe alstets Ew. H. ergebener Diener
Hannover, den 30. Janr. 1750.   Münchhausen.

So behutsam Münchhausen jeder Unfreundlichkeit zwischen Göttingen und Hanau vorzubeugen gesucht hatte, so ist doch ein Conflict nicht ausgeblieben. Die Recensionen der die Anstalten betreffenden Schriften in den Gött. Gel. Anzeigen waren vorsichtig erwogen, im Zusammenwirken von Sohmauss, Pütter und dem Secretair Willig hergestellt und gleich den Programmen Pütters nach Hannover zur Genehmigung übersandt, dennoch berichtete ein amtliches Promemoria vom 9. November 1750 den Professor Pütter, dass Moser bei einer gewissen Gelegenheit über das letzte Programm desselben eine Empfindlichkeit geäussert habe, und giebt anheim, ob nicht diensam sey, den G. R. Moser entweder per literas oder sonst auf gute Arth ausser inquietude zu setzen und ihn zugleich bey guter Gesinnung für die Universität zu erhalten. Diese Aufforderung gab die Veranlassung, dass die beiden Männer, welche seit mehr als einem Jahre lebhaft, aber nur durch Vermittlung eines Dritten mit einander verkehrt hatten, zum erstenmale sich direct gegenüber traten.

[Pütter an J. J. Moser.] Eure etc. haben bey wiederholten Gelegenheiten so vielfältige Merckmahle Dero unschätzbaren und unverdienten Gewogenheit gegen mich blicken laßen, daß ich länger nicht Anstand nehmen kann, Hochdenselben meine schuldigste Erkenntlichkeit, die ich nebst einer wahren Hochachtung jederzeit bey mir geheget, durch gegenwärtige Zeilen selbst zu bezeigen. Ich halte mich dazu um so mehr verpflichtet, als ohnlängst aus einem Schreiben eines gewissen guten Freundes, der kurz zuvor die Ehre gehabt, Eurer etc. aufzuwarten, fast mit Bestürzung ersehen müssen, daß Hochdieselben an der würcklichen Beschaffenheit meiner Gesinnung einigen Zweifel zu tragen schienen. Wie ich nun in der That den Nahmen eines undanckbaren verdienen würde, wenn ich die von Eurer etc. mir zeither erwiesene viele Gütigkeit nicht mit dem verbindlichsten Dancke erkännte, So habe jedoch die Ehre mit beede aufrichtigerm Herzen das Gegentheil gehorsamst zu versichern, je größere Freude ich mir daraus mache, eben diese meine Hochachtung und Verbindlichkeit, so Hochdenselben auf vielerley Weise schuldig bin, gegen jedermann zu bekennen, wozu gewiß niemals einige Gelegenheit vorbey laße noch ferner vorbey laßen werde. Eure etc. erlauben also, daß zu Dero fernerem hohen Wohlwollen mich noch weiter gehorsamst empfehle, wie mich gewiß nicht unterstehen würde, wenn meine Gesinnung weniger aufrichtig wäre als diejenige vollkommenste Hochachtung und Dienst- und Danckbegierde würcklich ist, womit ich die Ehre habe zeitlebens zu beharren etc.
1750 Nov. 25.

Hochedelgeb. Herr, Hochgeehrtester Hr. Prof. Es ist zwar an deme, daß ich gewünschet hätte, Ew. Hochedelgeb. hätten in Dero 2$^{ten}$ Programmate eine auf mein Institutum zu zilen scheinende Stelle ohnanstössiger abgefasset; es kan auch seyn, daß ich mit Herrn Hofrath Moritz historice davon gesprochen, was Ew. H. anderer Erzählung nach in Dero Collegiis für nachtheilige und in facto unerfindliche Ausdrücke von mir sollen gebraucht haben: gleichwie ich aber denen letzteren eben nicht vil Glauben beygemeßen und mich gar leicht durch besagten Herrn Moritz eines anderen habe belehren laßen, also hat auch jenes meine Ew. H. Verdiensten gewidmete Hochachtung nicht angerühret, vilmehr können Hr. Hofrath Kahle und meine Herren Auditores bezeugen, daß ich noch vor wenigen Tagen in meinen Lectionen Ew. H. als ein rares Exempel eines Professoris academici, der pragmatisch dencke, angeführet und dabey gemeldet, daß Sie dißfalls eine so gute Anlage, auch bereits so vil prästiret hätten, daß, wann Sie so fortführen, Sie Conring, Thomasium und Treuer übertreffen würden, scil. an judicio pragmatico von unseren Teutschen Sachen ; und dises will bey mir vil sagen. Hätte es der göttlichen Vorsehung gefallen uns näher zusammen zu führen, würden Sie gefunden haben, daß ich nicht nur also von Ihnen dencken und sprechen würde, Sie möchten hinwiederum von mir dencken und sprechen, wie Sie wollten, sondern es würden auch alle meine Collectanea und Erfahrungen zu Ew. H. Diensten gestanden seyn.

Können Ew. H. procuriren, daß die Anlage dasigen gelehrten Zeitungen inseriret würde und zwar bald, geschähe mir sowohl dadurch eine Gefälligkeit als auch, wann Dieselbe mir einen Mann, der bonae fidei et solvendo ist (dafür aber auswärtig die S. Buchhandlung nicht paßiret) verschaffen könnten, der den Debit des Wercks dasiger Orten gegen die im Plan enthaltene raisonable Douceur besorgete, welchenfalles nur noch unten beygefüget werden könnte: „Dises Werck wird allezeit auch in Göttingen bey .... gegen baare Bezahlung des Preises und der Fracht zu haben seyn."

Ich habe damit die Ehre, ein- für allemahl mit aller Aufrichtigkeit, wahrer Hochachtung und Dienst-Beflißenheit zu seyn Ew. H. gantz ergebenster Diener

Hanau, den 2. Dec. 1750.       J. J. Moser.

Nach dem jüngst edirten Tübingischen Cataloge Lectionum wird von H. Prof. Harpprecht sen. auch allda über Dero Jus Germanicum gelesen.

Mit diesen Briefen schliesst die zwischen Münchhausen, Moser und Pütter seit Ende 1748 gepflogene Verhandlung. Was der bis 1757 weitergeführte Sammelband sonst noch enthält, bezieht sich auf F. K. von Moser, den ältesten Sohn Johann Jacobs, und hat mit unserm Gegenstande keinen Zusammenhang. Auch die Einrichtungen, zu welchen der vorgelegte Schriftenwechsel den Anstoss gegeben hat, die Academie in Hanau und das Püttersche Institutum, haben das Jahr 1750 nicht lange überdauert.

Als im Jahre 1751 J. J. Moser die Stelle eines Consulenten der würtembergischen Landstände angetragen wurde, gab er die Staatsacademie auf und kehrte nach fünfzehnjähriger Abwesenheit in die Heimath zurück. Sie hatte dem viel umhergeworfenen Manne die schwersten Prüfungen aufbehalten. Am 12. Juli 1759 verhaftete ihn sein Landesherr eigenhändig und liess ihn zu fünfjähriger Gefangenschaft auf den Hohentwiel abführen, ohne dass je eine Untersuchung, geschweige denn eine Verurtheilung stattgefunden hätte, eine Gewaltthat der schwersten Art, die sich nicht hätte durchführen lassen, wenn nicht, was wenig bekannt geworden zu sein scheint, Herzog Karl von Würtemberg sich von vornherein einen Rückhalt am Kaiser gesichert hätte. Und damit der schnöden Rechtsverletzung der Hohn nicht fehle, musste die Stuttgarter Zeitung am Tage der Verhaftung „dem so viele seltene Rollen gespielten Manne" vorhalten, „dass er nirgends eine bleibende Stelle gefunden noch sich bei allen seinen Arbeiten eines wesentlichen göttlichen Segens und Gedeihens notorischermassen zu erfreuen gehabt." Es ist erklärlich, wenn Moser beim Rückblick auf sein Leben sich fragte, ob er wohl an der rechten Stelle gestanden und gewirkt habe. Der schon berichteten Aeusserung über seine verfehlte Universitätsthätigkeit (ob. S. 17) steht eine ähnliche in Bezug auf seine Beamtenstellung zur Seite: er meint in denen churbraunschweigischen oder andern Landen, wo eine Ritterschaft ist, oder die Ausschüsse sonst mit Leuten besetzet seynd, welche die grosse Welt kennen und wo die Landstände sich Mühe geben, die Landesnahrung verbessern zu helfen, hätte er als Landsyndicus mehr Nutzen stiften können als daheim. Wir wissen, dass Münchhausen Mosers Fehler nicht verkannte (ob. S. 31); gleichwohl ist er nicht müde geworden, um ihn zu werben. Nach Mosers eigenem Berichte vom November 1758 ist er während seiner Consulententhätigkeit in Würtemberg wegen Uebernahme des ansehnlichen Cancellariats in Göttingen sondirt worden, was sich kaum auf etwas anderes als Verhandlungen nach dem Tode Mosheims (1755), des einzigen Kanzlers der Universität Göttingen, beziehen lässt. Die Versuche sind damals wie früher fehlgeschlagen, und Göttingen kann sich nur berühmen, die Bibel zu besitzen, die der Trost des Gefangenen auf Hohentwiel war.

Pütters Lebensgang blieb von Stürmen wie von Wechselfällen verschont. „Zur dankbaren Jubelfeier seiner funfzigjährigen Professorstelle zu Göttingen" konnte er 1798 auf das Titelblatt seiner Selbstbiographie setzen. In den geregelten Bahnen des akademischen Lebens stieg er von Stufe zu Stufe und konnte seine reichen Gaben unter dem Schutze eines weisen und umsichtigen Gönners frei entfalten. Von Jugend auf ein festes Ziel vor Augen, eine früh entwickelte Persönlichkeit, ist er in seiner Richtung wenig durch fremde Einflüsse bestimmt worden. Deshalb haben auch Mosers Ideen über akademische Ausbildung und Universitätsunterricht keine nachweisbare Einwirkung auf ihn ausgeübt. Vieles von dem, was Moser empfahl, war zu individuell, als dass es sich auf eine anders geartete Natur hätte übertragen lassen; anderes, was er befürwortete, lag schon in Pütters Natur ausgebildet und bedurfte nicht erst der Anregung von aussenher. Erörterungen über die beste Form des akademischen Unterrichts waren zu jener Zeit lebhaft im Gange. Man verlangte nach einer Reform, nach einer grössern Annäherung der Universität an das Leben. Die Neuerungen Mosers und Pütters wurden viel besprochen, wenn auch die öffentlichen Stimmen sich naturgemäss mehr mit Mosers anspruchsvoller Staatsakademie als dem bescheidenern Institutum Pütters beschäftigten. Zu Ende des Jahres 1750 begrüsste ein Anti-Schlendrianus unterschriebener Artikel der Frankfurtischen gelehrten Zeitungen die Einrichtungen in Hanau und in Göttingen als einen Wendepunkt des akademischen Lebens und pries ihre Urheber — den Oberaufseher der Göttingischen Universität nennt er den um das Reich der Wissenschaften sowohl als um die Wohlfahrt des Teutschen Staats, ja ganz Europas hochverdienten Mann — als Reformatoren. Neben Beifall hat es aber auch nicht an Tadel gefehlt. Die Göttingischen gelehrten Anzeigen äusserten die Besorgniss, eine Akademie wie die Mosers würde einen grossen Theil des Adels von den Studien ganz abbringen und ihn also doch zu demjenigen unfähig machen, worauf man ihn ganz einschränken wolle und vergleichen derartige Unternehmungen mit den neuen Realschulen und Realakademieen. Von einem andern Standpunkte opponirte ein Praktiker wie G. D. Strube: sehr wenige Leute hätten Ursache, sich allein mit dem jus publicum zu beschäftigen; wer was rechtes in publicis prästiren wolle, könne des juris privati nicht entrathen. Er prophezeite deshalb der Hanauischen Akademie, an der Privatrecht gar nicht docirt werden solle, keinen grossen Zulauf; katholische Oesterreicher und Domherren, meint er, möchten sich einfinden, die auf ihren Universitäten dergleichen nicht hören und nur halbgelehrt sein dürfen. Die Praxis lasse sich weit besser durch Lesung guter Akten und wo selbst Hand ans Werk gelegt wird lernen als in allen collegiis academicis, sie mögen beschaffen sein wie sie wollen. Das Bedürfniss nach Einfügung eines praktisch-politischen Cursus in den öffentlichen Unterricht muss kein dringendes gewesen sein, so rasch verschwanden die Ansätze wieder. Um dieselbe Zeit wie die Mosersche Staatsakademie verlor sich das Püttersche Institut. Die Göttinger Vorlesungsverzeichnisse führen anfangs noch eine praxis juris publici inque ea sigillatim res judiciaria imperii auf. Ein Jahr später kehrt sich das Verhältniss schon um zur: res judiciaria imperii una cum reliqua juris publici praxi, um dann — nachdem noch einmal im Winter 1752/53 ein novum mere practicum zur Teutschen Canzlei- Reichs- und Staats-Praxi dienliches Colleg angezeigt war — ganz in das alte Prozesspracticum aufzugehen, das nur insofern eine Einwirkung der Verhandlungen von 1749 verräth, als Pütter auch zur Bearbeitung von Rechtsfällen aus dem öffentlichen Recht und zur Abfassung von Schriftstücken extrajudicialer Art Gelegenheit gab.

Der Thatendrang des jungen Professors, den Mosers Kritik über sein ursprüngliches Ziel hinausgeführt hatte, kehrte in das gewohnte Gleise zurück, je näher ihm die Aussicht rückte, auf seinem eigentlichen Studiengebiete sich frei bewegen zu können. Schmauss schränkte seine Lehrthätigkeit mit zunehmendem Alter ein. Köhler starb im Frühjahr 1755, zwei Jahre später Schmauss. Seit December 1753 war Pütter zum Ordinarius befördert. Seine Vorlesungen hatten nunmehr zum Gegenstand: juristische Praxis, Reichsprozess, Encyclopädie, deutsches Staatsrecht und Reichshistorie. Das deutsche Privatrecht, das er früher vertreten hatte, gab er auf, während sich von dem Staatsrecht später als besondere Vorlesung das deutsche Fürstenrecht abzweigte. Staatsrecht und Reichsgeschichte bildeten den Mittelpunkt seiner Thätigkeit und standen in engster Verbindung mit einander. Die Reichsgeschichte diente als Einleitung in das deutsche Staatsrecht und blieb längere Zeit ein Besitzthum der juristischen Facultät. Der Nachfolger Köhlers, der 1759 von Nürnberg berufene Gatterer, las gar nicht mehr über Reichsgeschichte, sondern nur über Universalgeschichte und die historischen Hülfswissenschaften. Erst als Spittler 1779 nach Göttingen kam, vertrat wieder ein Historiker die deutsche Reichsgeschichte, welche nun zwischen ihm und Pütter wechselte. Diese Verbindung der deutschen Geschichte mit der Jurisprudenz hat lange nachgewirkt. Da der Name der Rechtsgeschichte zur Bezeichnung einer Geschichte der in Deutschland geltenden Rechte, dessen was wir heute äussere Rechtsgeschichte nennen, verwandt wurde, so kündigte noch K. F. Eichhorn seine deutsche Rechtsgeschichte unter dem Titel der deutschen Geschichte an und glaubte es rechtfertigen zu müssen, wenn er sich nicht auf die Geschichte der politischen Ereignisse beschränkte, sondern damit die Geschichte des Rechtszustandes verband. Er nannte sie um deswillen: Staats- und Rechtsgeschichte. Es ist der

Gang der deutschen Rechtsgeschichte der gewesen, sich immer mehr von ihrer Mutter, der deutschen Geschichte, loszumachen; und die heutigen Rechtsgeschichten enthalten wenig mehr von dem, was die alte Reichshistorie umfasste, noch mehr lässt aber diese vermissen, was heutzutage die deutsche Rechtsgeschichte als ihre Hauptaufgabe betrachtet: die Entwicklung der Rechtssätze und Rechtsinstitute von dem ersten Hervortreten des deutschen Volkes in der Geschichte bis auf die Gegenwart herab. Pütter und denen, die vor und nach ihm Reichsgeschichte in Wort oder Schrift vertraten, diente dieselbe zur Erklärung der bestehenden Reichseinrichtungen und zur Lösung der unaufhörlich dem verwickelten Bau der Reichsverfassung und der politischen Unfruchtbarkeit der Zeit entspringenden Streitfragen. Eine Geschichte der Staatshändel hätte man ihre Wissenschaft nennen dürfen. Soweit als zu deren Schlichtung erforderlich, ging man in die Geschichte zurück. Es bedurfte nicht erst der Mahnung Mosers, pragmatisch — wir würden sagen: praktisch — zu lehren und zu schreiben und sich nicht in der Gegenwart fernab liegende geschichtliche Untersuchungen zu verlieren. Die modernsten Welthändel sind das vor allem Anziehende, die Zeitungscollegia blühen, Sammlungen zur Aufnahme der neuesten Staatsschriften und Urkunden folgen sich in raschem Wetteifer. Diese Richtung auf das Praktische ist wie der Zeit überhaupt, so ganz besonders der Universität Göttingen eigen gewesen. Was ohne sichtbaren Zusammenhang mit dem geltenden Recht war, erschien als unfruchtbare Antiquität und interessirte wenig. Die vornehme Welt, die jungen Männer aus den adeligen Familien, den Kreisen der Beamten wurden damals so wenig als später von blosser Gelehrsamkeit angezogen. Die unmittelbare Verwerthung der Wissenschaft für das Leben, insbesondere auch zur Beseitigung der vorhandenen Mängel und Missstände, suchte man, und die Professoren bestrebten sich es zu bieten. Die Studirenden zu tüchtigen und gewandten Geschäftsmännern heranzubilden, war das Ziel, das die hervorragendsten Lehrer verfolgten. Diejenigen Wissenschaftszweige, die unmittelbar für das Leben arbeiteten, erfreuten sich der grössten Blüthe. In der Rechtsgelehrsamkeit speciell zeichnete sich Göttingen lange Zeit viel mehr für die Fächer aus, welche der Regierung unmittelbar wichtig schienen, als für die gelehrte und philosophische Seite namentlich des Römischen Rechts (Hugo). Es giebt vielleicht keine entsprechendere Bezeichnung dieser Richtung als in einem Satze, der, mag er auch erst etwa

zwanzig Jahre später geäussert sein und von einem Manne so stark ausgeprägter
Individualität wie Schlözer herrühren, doch nur zum Ausdruck bringt, was
sich schon lange in Göttingen vorbereitet hatte: wir rücken wie in unserer
Litteratur überhaupt, also auch auf unsern deutschen Universitäten den glücklichen Zeiten immer näher, wo hochgelahrt und gemeinnützig reine Synonymen
sein werden.

  Als in Göttingen das Studium des deutschen Staatsrechts seinen Anfang
nahm, hatten sich Litteratur und Lehre schon seit mehr als anderthalb Jahrhunderten mit diesem Gegenstande beschäftigt. Göttingen war schon die dritte,
vierte Universität, die ihm ihre Kräfte zuwandte. Helmstädt, Jena, Halle waren
vorangegangen. Es ist das nicht eine bloss äusserliche Nachfolge gewesen,
sondern auch eine Anknüpfung an die Gedankenarbeit, an die Lehr- und
Forschungsmethode des Vorgängers. Sind Göttingens Anfänge gradezu als
eine Nachahmung von Halle bezeichnet worden, so zeigt sich diese Anlehnung nicht zum wenigsten im Gebiete des Staatsrechts. Auch dessen enge
Verbindung mit der deutschen Geschichte stammt von da. Ludewig und Gundling haben die Reichsgeschichte zuerst in den Rahmen der akademischen Vorlesungen aufgenommen, und jener hat zuerst den historischen Theil des deutschen Staatsrechts mit dem Namen der Reichsgeschichte belegt. Beides zusammen, Staatsrecht und Reichsgeschichte, machten seitdem den Publicisten
aus. Die königliche Bestallungsurkunde, welche Moser 1736 die Professur in
Frankfurt a. O. übertrug, motivirte seine Ernennung mit seiner in dem jure
publico und der teutschen Historie überall bekannten Wissenschaft.

  Das deutsche Staatsrecht war weniger als vielleicht irgend ein anderer
Rechtszweig eine blosse Universitäts-Wissenschaft. Nicht bloss dass die genaue Kenntniss, die sichere Anwendung desselben in den verwickelten und
schwierigen Verhältnissen zum Reich und zu den Mitständen ein tägliches Bedürfniss der Regierungen war, auch an der Cultur dieses Rechtsgebiets betheiligten sich neben den Universitätslehrern Richter und hohe Beamte, Geschäftsmänner wie man damals sagte. Von den Professoren waren nicht wenige aus
praktischer Thätigkeit auf das Katheder gestiegen oder vertauschten umgekehrt
den Stand des Lehrers mit dem des Beamten. Die kurhannoversche Regierung
genoss seit dem Ende des 17. Jahrhunderts, seit den Tagen Ludolf Hugos,
eines Schülers von Conring, den Ruf, sich auch auf das jus publicum zu

verstehen, und war bemüht, ihn sich zu erhalten. Nach dem Sinne einzelner ihrer Räthe hätte Münchhausen bei Stiftung der Universität Göttingen der Jurisprudenz und dem jus publicum insbesondere alle und der Theologie nur geringe Beachtung zuwenden dürfen. Ein Mann von so vielseitiger Bildung wie der grosse Curator wusste das Gefährliche solcher Uebertreibungen fern zu halten, aber die eifrige Pflege der staatsrechtlichen Studien in Göttingen entsprach nur seinen eigenen Wünschen und dem, was er der Universität für zuträglich hielt. Wenn der hannoverschen Regierung jener Tage ihr stark juristischer Zuschnitt, der zu manch hartem Zusammenstoss mit dem militairischen Regiment des Nachbarstaats geführt hat, in alter und neuer Zeit vorgeworfen ist, so war die Universität zu jung, um schon eine Rückwirkung auf die leitenden Kreise des Landes auszuüben; man wird nicht irre gehen, wenn man eher das Umgekehrte annimmt und der in der Regierung vorherrschenden Richtung einen starken Einfluss auf die Entwicklung der juristischen Studien Göttingens beimisst.

Es wird schwer halten, einen principiellen Unterschied zwischen der Art und Weise, wie das Studium des Staatsrechts in Halle und wie es in Göttingen betrieben wurde, herauszufinden. Die Göttinger selbst machen wohl die stärkere Benutzung der Reichsgrundgesetze, der Wahlcapitulationen insbesondere als Merkmal geltend, wie denn der von Münchhausen so gern befragte G. D. Strube für Göttingen ein den leges imperii gemässeres jus publicum verlangte und es den allzu fürstlichen Grundsätzen Halles zuschrieb, wenn so mancher von dort abgeschreckt sei. Aber in Halle selbst hatte doch auch die positiv-historische Richtung nicht gefehlt und sich der dem fürstlichen Absolutismus dienstbaren Constructionssucht Ludewigs entgegengestellt. Alle nachherigen Göttinger wie Münchhausen selbst, Gebauer, Schmauss, Pütter gehörten der sog. Gundlingschen Richtung an, welche sich berühmen durfte, das auf Sand gebaute Cocceji-Ludewigsche System über den Haufen geworfen zu haben. Die Worte des Kanzlers von Ludewig, auf seinem letzten Krankenlager gegen Mosers Sohn geäussert: er sterbe und nun solle J. J. Moser der grösste Publicist sein, wirken heute noch so erheiternd wie für die damaligen Hörer. Aber es liegt doch darin die richtige Erkenntniss ausgesprochen, dass es mit der Hegemonie Halles im deutschen Staatsrecht vorbei sei. Soweit das Staatsrecht eine Universitätswissenschaft war, übernahm bald nach der Mitte des

Jahrhunderts Göttingen die Führung. Nach Münchhausens Wunsch hätte hier wenn nicht die Vereinigung, so doch das Zusammenwirken der beiden Männer, die man die Dioskuren des deutschen Staatsrechts genannt hat, eine Stätte finden sollen. Dass Münchhausen auf die Heranziehung Mosers und die Verwirklichung seiner Vorschläge verzichtete, die ihm doch offenbar zu einem Theil der Verwirklichung fähig und bedürftig erschienen, ist gewiss mehr auf den wiederausbrechenden Krieg, der die junge Universität in die unmittelbarste Mitleidenschaft zog, als auf die Schwierigkeiten des Unternehmens zurückzuführen. Wenn es auch so gelang, Göttingen zur hohen Schule des deutschen Staatsrechts zu machen, so war das dem Zusammentreffen einer Reihe günstiger Momente zu danken: neben dem Umstande, dass es Münchhausen vergönnt war, nachdem er Göttingen geschaffen, über seiner Schöpfung fast vierzig Jahre zu wachen, seinem unablässigen Bestreben, solche Lehrer auszuwählen, von denen sich ein gedeihliches und verträgliches Zusammenarbeiten erwarten liess, seinem glücklichen Blicke, der junge hoffnungsvolle Männer frühzeitig und richtig erkannte. Nicht der letzte unter ihnen war Pütter. Er ist keine so sympathische Persönlichkeit wie J. J. Moser; keine Natur, für die man sich erwärmen könnte. Aber seine Bedeutung zu verkennen ist doch nur der Unkunde verstattet, die sich nicht von traditioneller Verkennung freizumachen die Mühe giebt. Moser hat ihm in einem oben mitgetheilten Briefe das Ideal des Conring, des Thomasius vorgehalten — man sieht nicht ein, wie er ihnen Treuer als dritten zugesellen mag — nach der genialen Art dieser Männer hat ihm keine Ader geschlagen. Er hat nichts von ihrer streitbaren Natur; er hat nicht gleich ihnen mit jahrhundertalten Irrthümern aufgeräumt oder der Wissenschaft neue Bahnen gewiesen. Aber er vereinigte in sich einen unermüdlichen Fleiss, einen glänzenden juristischen Verstand, einen systematischen Sinn und eine enorme Gelehrsamkeit. Mit diesen Gaben ausgestattet, brachte er zu vollkommener Ausprägung und Vollendung, was andere begonnen hatten. Die Wissenschaft bedarf aber für ihren Fortschritt auch der zusammenfassenden, ordnenden und sichtenden Geister, derer, die geeignet sind, mit andern im friedlichen Wettbewerb für eine gemeinsame grosse Aufgabe zu wirken.

## Anmerkungen.

S. 3 Z. 2 **vi et precario**] v. Mosheim in e. Briefe an Gottsched v. Juni 1736 bei Rössler, Gründung der Univ. Gött. S. 52 (Einltg.)
    Z. 5 **Götting. Lebensart**] (v. Mosheim), Beschreibung der ... Feyer bei .. Anwesenheit ... Georg II. ... in Göttingen (Gött. 1749) S. 68.
    Z. 8 **Neider**] Schmauss, Entwurf eines collegii juris praeparatorii (1737) S. 2.
    Z. 15 v. u. **Münchhausen**] vgl. meinen Art. Münchhausen in der Allg. Deutschen Biographie XXII (1885) S. 737.
S. 4 Z. 15 **collegium Pandectarum**] Münchhausen an Gebauer 1735 Juni (Rössler S. 121).
    Z. 8 v. u. **Mascov**] Allg. D. Biogr. XX 553 (Eisenhart). Hugo, Lehrb. der Gesch. des RR. (1830) S. 539.
S. 5 Z. 3 **Gebauer**] meinen Art. in A. D. B. VIII 450.
S. 6 Z. 1 **Rechtsencyclopädie**] Hugo, Civilist. Magazin II (1804) S. 378.
    Z. 3 **Vorlesungen**] J. J. Schmaussens Academische Reden und Vorlesungen über das teutsche Staatsrecht hg. von Heldmann. Lemgo 1766. 4.
    Z. 6 **Büsch**] Büsch, Erfahrungen IV (1794) S. 149.
    Z. 16 **Iselin**] L. Meister, Helvetiens berühmte Männer I (1782) S. 244.
    Z. 8 v. u. von .. **Schmauss datirt**] Wachler, Gesch. der historischen Wissenschaften II (1816) S. 320.
    Z. 8 v. u. **Hugo**] Lehrbuch S. 540.
    Z. 6 v. u. **Sentiments circa sacra**] Gebauer an Münchhausen Mai 1734 bei Rössler S. 91. Büsching, Beiträge zur Lebensgesch. denkwürd. Personen III (Halle 1785) S. 269 ff.
S. 7 Z. 1 ff **Münchhausen**] Schreiben M's an Schmauss vom 12. Juni 1742, v. 14. Januar 1745 in den Acten des Göttinger Curatorialarchivs.
    Z. 17 **Ausdruck Pütters**] Selbstbiographie I 263.
    Z. 9 v. u. u. ff. **Köhler**] Waitz in Göttinger Professoren (Gotha 1872) S. 236. Büsch a. a. O. 148.
S. 8 Z. 13 **Ayrer**] Hugo, Lehrbuch S. 542; Büsch S. 159; Rössler S. 154.
    Z. 4 v. u. **Strube**] Rössler S. 250.
S. 9 Z. 13.] R. v. Mohl, Gesch. u. Litt. der Staatswiss. II 426.
    Z. 13 v. u.] Vgl. meinen Aufsatz: Die Anstellung Pütters als Professor in Göttingen (Ztschr. des Histor.-V. für N.-Sachsen Jg. 1883, S. 256).
    Z. 2 v. u.] Das Concept der Eingabe ist vom 23. Dec. 1748 datirt.
S. 10 Z. 3 **der bewussten Mss.**] Schon bei dem ersten Besuche, den Pütter zu Pfingsten 1746 dem Minister v. Münchhausen abstattete, zeigte er ihm in seinem Cabinette eine Sammlung von staatsrechtlichen Actenstücken in mehr als 30 starken Folianten, die er theils als Comitialgesandter in Regensburg, theils als Staatsminister zusammengebracht hatte und ihm allmählich nach Göttingen zu übersenden versprach. Pütter, Selbstbiogr. I 116, 177.
    Z. 5] Zur Ostermesse 1749 erschien: Patriotische Abbildung des heutigen Zustandes beyder höchsten Reichsgerichte von J. S. P. P. G. (= Joh. Steph. Pütter Prof. Gotting.)
S. 11 Z. 5 v. u. **dem kleinen Struv**] Jurisprudentia romano-germanica forensis von Georg Adam Struve (1646—1692 Professor zu Jena, dazwischen auch in Staatsämtern in Weimar und Jena thätig) zuerst 1670 erschienen, der kleine Struv genannt im Gegensatz zu dem Syntagma juris civilis desselben Verfassers.

S. 11 Z. 5 v. u. Lauterbach] Wolfg. Adam Lauterbach, 1648—1678 Professor in Tübingen; sein compendium juris, 1679 von J. J. Schütz edirt, ist bis gegen die Mitte des 18. Jh. an den Universitäten als Lehrbuch benutzt und von Schriftstellern commentirt worden.
S. 12 Z. 22 v. u. de orig. guelficis] Der erste Band der Origines Guelficae erschien 1750.
Z. 4 v. u.] Lindenbruch, Baluze, bekannte Herausgeber fränkischer Rechtsquellen im 17. Jh.
S. 13 Z. 9.] Pütter, Elementa juris Germanici privati hodierni in usum auditorum. Goett. 1748. Eine zweite Auflage erschien 1756, ein unveränderter neuer Abdruck 1776.
S. 15 Z. 14] S. de Pufendorf comment. de rebus Suecicis 1686; de rebus gestis Friderici Wilh. magni electoris Brandenburgici 1694. Khevenhiller, Annales Ferdinandei v. 1578—1626 (Regensbg 1640 ff.). Carafa, commentarii de Germania sacra restaurata (Colon. 1639). Gärtner, Westphäl. Friedenscanzley (Leipz. 1731—1738). Volmar Diarium, abgedruckt b. Cortrejus, Corpus jur. publ. IV (Leipz. 1710). J. G. v. Meiern, Acta pacis Westphalicae (Hannov. 1734—1736).
Ad 3] Schweder 1681 † 1785 Professor in Tübingen, introductio in jus publicum imperii Rom. Germanici novissimum 1681. — Corvin, vermuthlich der c. 1680 gestorbene Prof. der Rechte in Mainz, dessen litterarische Thätigkeit insbesondere in der Abfassung ganz kurzer, viel gebrauchter Lehrbücher bestand (s. Schulte A. D. B. IV 509). — Ludovici † 1723 als Vicekanzler zu Giessen. — Buddeus, doch wohl der hallische 1729 gestorbene Theolog, „der universellste unter den evang. Theologen seiner Zeit" (Herzog, Real-Encyclop.). — Wolff, der bekannte Philosoph, † 1754.
Ad 4] Conspectus rei judiciariae imperii (Gott. 1748). Dazu vgl. Pütter, Selbstbiogr. I 206..
S. 16 Z. 13 v. u.] Bericht der Curatoren der Univ. Frankfurt an den König in Mosers Lebensgeschichte I 157.
Z. 10 v. u. Ebersdorfer Zeit] Das. II 8.
S. 17 Z. 6, 9 ff.] Das. I 161; II 43, 47 ff.
S. 18 Z. 13 Die Gedanken v. Justitzwesen] Das. S. II 81.
S. 19 Z. 10] Daniel Nettelbladt, Schüler Wolfs, seit 1746 Professor in Halle † 1791.
S. 23 Z. 21] Bülfinger (Bilfinger), Schüler Wolfs, 1721 Professor der Mathematik in Tübingen, 1725—1731 in Petersburg, nachher wieder in Tübingen † 1750.
Z. 24] Glafey Vernunft und Völkerrecht. 3. Aufl. 1746.
Z. 27] J. J. Moser der Belgradische Friedensschluss zwischen dem Kaiser und der Pforte mit Beilagen und Anmerkungen. Jena 1740. 4.
S. 23 Z. 28] Die Arbeit, für den nachmaligen König Friedrich V. von Dänemark verfasst, hat den Titel: Einleitung in die neueste Staatsangelegenheiten von Europa 1740 und ist nicht zum Druck gelangt; vgl. Mosers Lebensgesch. II 5 und III 180. Scheidt berichtet in einem Schreiben an Münchhausen darüber: das Werk habe sich mit den vornehmsten Streitigkeiten, die in Europa im 17. und 18. Jahrhundert ventilirt worden sind, beschäftigt und sei ordine alphabetico (vgl. Lebensgesch. III 180), wenn er sich recht erinnere, abgefasst gewesen. Moser habe dafür 100 Ducaten geschickt erhalten.
S. 24 Z. 11] Joh. Christoph Freiherr v. Bartenstein, österreichischer Staatssecretair † 1767.
S. 25 Z. 5 Carolino zu Wolfenbüttel] die 1745 von Herzog Karl I. zu Braunschweig begründete Bildungsanstalt.
Z. 14 v. u.] Continuatio conspectus rei judiciariae imperii, sigillatim jurium ac praxeos supremi tribunalis imperialis aulici (Gott. 1749.)
Z. 8 v. u.] Anton Faber, europ. Staatscanzley seit 1697. Lünig, Litterae procerum Europae Lips. 1712; dessen Auserlesene Briefe von Kaysern etc. das. 1714.
S. 28 Z. 4 v. u.] Gött. Gel. Anz. 1749 St. 87 v. 4. Septbr.
S. 29 Z. 2] Pütters Selbstbiogr. S. 224.
S. 30 Z. 14 v. u. Marburg] Mosers Lebensgesch. S. 91.

S. 31 Z. 5] Falcke, Joh. Phil. Konrad, ein geborner Hannoveraner, war seit 1747 Hofrath und Oberappellationsgerichts-Referendar in Darmstadt. Freund Pütters von Wetzlar her. (Selbstbiogr. S. 133.)
  Z. 16 v. u.] Das Schreiben ist nur im Concept von Abschreiberhand vorhanden.
S. 32 Z. 7] Hofrath Moritz, bekannt durch sein urkundliches Werk über Worms (1756), hatte 1747—1749 als Hofmeister in Götiingen gelebt.
  Z. 18] In G. G. Anz. 1750 St. 132 (December) ist die Ankündigung von Mosers Teutschem Staats-Archiv aufgenommen. Das Blanckett Z. 23 ist ausgefüllt: bey der Vandenhoekischen Wittwe. Die S. Buchhandlung ist wohl die von Joh. Wilh. Schmid.
S. 33 Z. 2] Herm. Schulzes Art. J. J. Moser (A. D. B. XXII 379) lässt diesen wichtigen Umstand, der durch Aug. Schmid, das Leben J. J. Mosers S. 273 u. 378 (vgl. Gött. Gel. Anz. 1869, St. 33) urkundlich belegbar ist, unerwähnt.
  Z. 4, 12, 18] Mosers Lebensgesch. II 119; IV 111. Schmid S 267.
  Z. 24] Es ist eine Cansteinsche Bibel v. 1742, deren Blätter an den schmalen weissen Rändern von Moser mit Schuhschnalle und Lichtscheere beschrieben sind. Mosers Tochter Louise war an Achenwall verheirathet; eine Schenkung ihrer Tochter, der Frau des Historikers Meiners, brachte die Bibel in den Besitz der Göttinger Bibliothek.
S. 34 Z. 16] Mosers Lebensgeschichte II 88.
S. 35 Z. 8 v. u. Spittler] Hugo, Civil. Magazin V 72.
S. 36 Z. 2 v. u.] Hugo, Lehrbuch S. 538.
S. 37 Z. 2] Schlözer, Entwurf zu einem Reisecollegio (Gött. 1777).
  Z. 13] Hugo S. 527.
  Z. 21] Mosers Lebensgesch. I 153.
S. 38 Z. 2 u. Z. 21] v. Meiern bei Rössler S. 20; Strube das. S. 248.
  Z. 5 v. u.] Mosers Lebensgesch. II 30.